经济学大家谈

熊秉元 等著

叶斌 编

人民东方出版传媒
东方出版社

序言　介绍一本介绍经济学的书

熊秉元

顾名思义，这本书的书名——《经济学大家谈》——有两种含义。一方面，对于经济学这个学科，无论识与不识，每个人多半有自己的想法。因此，像盲人摸象一般，盍各言尔志，大家都可以表示自己的意见。另一方面，由六位作者的阵容，"大家"谈的意思，（大咖）你懂的！

这本书的缘起，值得稍作说明。在 2014 年入职浙江大学之后，我一直教研究所的课。两三年之后，我想教教大学生，就开了一门法律经济学的课，对所有本科大三大四的学生开放。修课的同学来自于各个学科，有些是自然科学专业，很多学生是第一次接触经济分析。为了增加他们对经济学的了解，我就请助教上网，搜寻一些大咖（大家）介绍经济学的文章，供学子们参考。

后来，我灵机一动：为什么不把这些文章，编成一本书？中文世界里所有有兴趣的读者，都可以参考，看看专业的经济学者如何阐释自己的学科，两个经济学者之间，如何有两个或更多的意见！

主意既定，我就请助教叶斌博士帮忙，搜寻可能的人选和适合的文稿。标准很简单：知名度较高的经济学者，而且曾经对经济学有过综论式、提纲挈领式介绍的学者。最好，除了经济学之外，还有一些时论或评论等社普的文稿（社会科学普及化）。下一步，通过直接和间接的关系，邀请经济学者加入。这是第一阶段，过程顺利。

人选确定和文稿到齐之后，进入第二阶段。针对内容、格式、长短等，要彼此呼应，稍微有一致性。基本的构想很清楚，全书不要太长，15 万字左右；六位作者，每人额度 25000 字，一篇长文，两篇短文。长文针对经济学，短文可以是任何题材，包括时论、诗词、武侠小说等等；既可以反映经济学的应用范围，也可以反映经济学者才慧的丰富多样。还有，请每一位作者列出一个"推荐书单"，列出重要而心仪的作品，供读者参考。有兴趣的读者，可以按图索骥，更上层楼。而且，由推荐名单里，读者也可以再次感受到，六位作者对经济分析，有不同的体会和着重。

六位作者的文稿，叙述方式不同（有的用到方程式和图表，有的只是文字叙述，有的加了脚注和参考文献，有的是演讲内容），内容深浅也不同（有的是教科书和讲座层次，有的是学术期刊的论文）。要去繁求简，让一般读者（高中以上程度）能看得懂，显然要花心思剪裁。这个阶段，有赖东方出版社的编辑王端，耐心地和六位作者反复联系。大家（咖）都很忙，这个阶段耗费了不少时间；为了增加全书的可读性，值得花时间琢磨打造。

第三个阶段是安排章节的先后次序，这大概是最微妙和麻烦的步骤。大家（！）都有不言自明、分量不轻的自我（我执，ego），怎么安排确实是大问题。六个人的排序，如果随机，有 720 种可能性；其他可以参考的具体指标，也很多：譬如，依年龄大小（争议可能较小），按得到荣誉学位的数量，以薪水或收入的高低，由职务的行政级别，论文被引用次数，等等。我相信，不论怎么安排，都会有异议。

既然，我是出书计划的始作俑者，斟酌苦恼一段时间之后，突然豁然开朗——不忘初心！当初规划这本书，目的就是希望向不同学科的学子，以及社会上一般的阅读大众，介绍经济学这个学科。因此，由浅入深，写意和工笔穿插，对读者可能是较理想的安排。因此，内容的先后，就有了这种排序：熊秉元，钱颖一，黄有光，杨小凯，田国强，林毅夫。如果大家（读者和作者）不满意，责任不在出版社，而在我。

对于读者而言，这本书的意义主要有两点：第一，由六位专业经济学者的角度，对经济分析的架构和内涵，做了不同的阐释。各有所重，各有一得之愚。读者不妨细细体会，六位作者之间的相同相异之处。第二，每位作者的两篇短文，反映的既是经济学，也是经济学者；六位作者呈现了不同的作品，也展现了各自的品位和趣舍。因为版权和内容长度的限制，所以在邀请经济学者的时候，当然有一些遗珠之憾。希望将来有机会，能有后续相关的材料，提供给有兴趣的读者参考。

此外，关于杨小凯教授，我也可以借机会略述一二点滴。2000 年左右，我还在台湾大学任教，杨小凯做客经济系。他的研究室，刚好就在我的隔壁；彼此互赠作品，相处愉快。记得有一次聚餐，气氛热烈之下，有人立下饮酒令：每个人前面放半打台湾啤酒（每瓶 600cc），喝光为止；如果少喝一瓶，必须拿出 200 新台币（人民币 40 元）出来；如果多喝一瓶，可以由桌上拿 200 新台币，放进自己的口袋。结果，杨小凯也喝完六瓶，我有点意外；他后来提到，当晚怎么回学校宿舍都忘记了！过了几年，他又到台大短暂访问；这时候，他身上的癌细胞已经扩散；用美国最新开发的药品，效果有限。在他回澳洲的前一晚，我们三人（还有他的学生曲祉宁博士）一起吃火锅；他的表情很平静释然，我想这是人生经过大风大浪之后的沉着稳定。他的作品，被纳入这本书里，我想他在天上的反应，可能是抿嘴微微一笑！

最后，这本书能够顺利辑成出版，我要感谢好几位朋友。首先，就是另外四位作者，和杨小凯的夫人吴小娟女士及妹妹杨晖女士。他们同意共襄盛举，确是大家风范；特别是多年的好友，黄有光教授。他热情支持，还居中联系我没有直接接触的作者。老友情谊，君子之交。其次，东方出版社编辑王端女士，任劳任怨；她和大家和悦联系，步步为营，终抵于成。再其次，由一开始，东方出版社就鼎力支持这个计划。在取得版权和出版契约上，都费尽心思，也表达了极大的善意。还有，我也要感谢我的博士生叶斌，一位实在进取，对经济学真诚喜爱的年轻人。几年之间，我看着他，由青涩而逐渐掌握经济分析的精髓，为他高兴。他看着我舞文弄墨，自得其乐，自愚娱人；个中冷暖，相信也是点滴在心头！

目　录

杨小凯

田国强

林毅夫

熊秉元

熊秉元，著名经济学家、法律经济学家，曾在国际知名学术期刊发表论文推翻著名的"科斯定理"。在华人经济学界，与张五常、黄有光、林行止并称为"四侠"。

台湾大学经济系毕业，美国布朗大学取得硕博士学位后，返回母校，在台湾大学经济系暨研究所任教二十余年，主要研究领域为法律经济学和经济学方法论。目前为浙江大学法律与经济研究中心主任、浙江省法学"千人计划"特聘教授，并担任多所国内外高校兼职教授。近年来在两岸推展"法律经济学"，渐有成果。两岸及港澳主要大学的法学院里，担任讲座教授的经济学者，他是第一位，也是目前唯一的一位。

熊秉元还是一位颇具影响力的散文家。1993年，推出第一本经济学散文集《寻找心中那把尺》，即获选为"金鼎奖"推荐著作。目前，熊秉元已有两篇文章被选为台湾高职语文课本的课文，是华人经济学家中唯一获此殊荣的人。所著《优雅的理性》中一文被选为 2018 年上海高考语文卷的阅读理解试题。其著作《优雅的理性》《解释的工具》《正义的成本》《生活的经济解释》《法的经济解释》等备受好评，并入选多种"年度最佳著作"榜单。

经济学的分析架构

(2017 年)

　　各种社会现象，都是由人类行为汇集而成；社会科学的功能，就是针对社会现象（而非自然现象），尝试提出合情合理的解释。本篇的主旨，就是基于经济学理论，构建社会科学的基本架构，并以法学的理论和案例为例，小试牛刀。对于社会科学研究者而言，这个世界是有规律可循的，依恃简洁精练的架构，即能理解人世万象！

一、分析架构和层次

（一）宗旨

　　这里有两个重点：第一，介绍经济分析的结构，以及在下文将阐明的理论层级；第二，以法学为例，初释经济学作为分析工具的扩展性。

分析架构

在很多经典经济学教科书里，都尝试总结经济学这个学科的精髓。譬如，萨缪尔森（Paul Samuelson，1915—2009）的《经济学》和曼昆（Gregory Mankiw）的《经济学原理》。中文世界里，张五常的巨著《经济解释》，已经有经典的地位。此外，拙作《解释的工具》总结经济学，也可以参考。

相形之下，依我多年沉吟，经济分析的架构可以利用图1表示。分析架构有四个环节：分析基本单位，行为特质，加总和均衡，变迁。

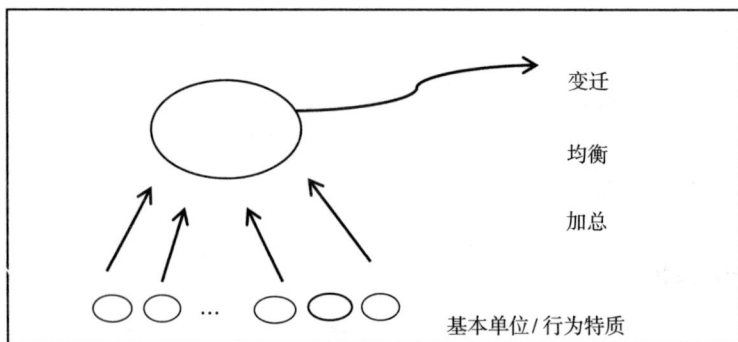

变迁

均衡

加总

基本单位 / 行为特质

图 1　经济分析基本架构

(二) 分析架构：初释

对一位生理学家来说，可能把人体分成骨骼、血液等，然后把细胞当成基本的分析单位。同样的，经济学者逐渐归纳出的理论架构，也有分析的基本单位——个人，而不是更大的单位（家庭），或更小的单位（原子、分子）。

简单地说，经济学的发展过程，有两大阶段：前一个阶段是探讨"经济活动"，主要是指生产消费、买卖交易、货币金融等。慢慢地，经济学者归纳出一个简洁的架构，可以探讨各种经济活动；后一个阶段，大概是由 1960 年起，经济学者福至心灵，发现可以把分析架构抽象化。利用同样的架构，不只可以分析"经济现象"，也可以分析"社会现象""政治现象"等。因此，经济学者开始进入社会科学的其他领域。

这种延伸和扩充，在其他领域里也屡见不鲜。譬如，由绘画中归纳出"美学"的概念，可以运用在摄影、设计、电影、小说等范围。由研究战争和冲突所发展出的"博弈理论"（game theory），可以用在商业、政治、家庭、男女恋爱，乃至于个人和自己的挣扎里。用成语来表示：以简驭繁，一以贯之！

理性自利

个人是分析的基本单位，而关于人的特质，经济学者归纳出两点：理性和自利。理性（rational），是指人这种生物能思索，也会思索。自利（self-interested）——不是自私（selfish）——是指人这种生物，会做对自己有利的事。利益，包括物质和精神，也可能包含别人的利益。

理性

图 2 展现理性和"不理性"。常态分布的两端，左边的 5%，是住在精神病院，思索的能力和内容与多数人不同。右边的 5%，是喝了两瓶五粮液或金门高粱的人，不能思索。这些人的行为，适合由生理学家和精神科专家研究。中间 90% 的部分，是一般人、正常人，是能动脑筋思索的生物。

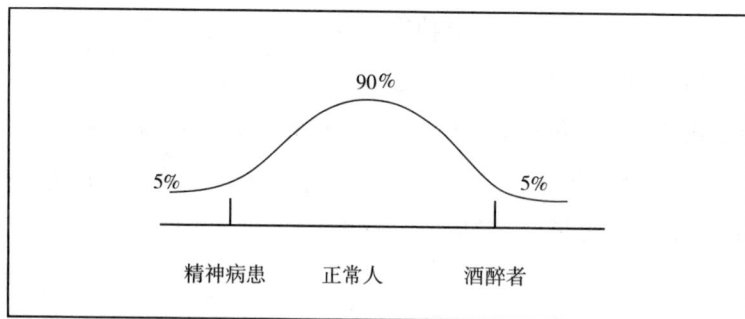

图 2　理性和不理性

关于理性，可以澄清一些常有的误解。首先，图 3 画出几个时点：t_1 是公证结婚时，双方满心欢喜，誓言白头偕老、至死不渝；t_2 是蜜月期已过，柴米油盐酱醋茶的日子；t_3 是彼此如水火，吵闹不休的时日；t_4 是公证离婚，各奔东西的时点。在 t_4 这个时点，人们很可能认为：回头看，在 t_1 的决定是"错误的选择"。然而，这已经是 t_4，能用这个时点的情怀论证 t_1 的决定是不理性的吗？不能！也就是，人是理性的，并不表示人不会犯错！

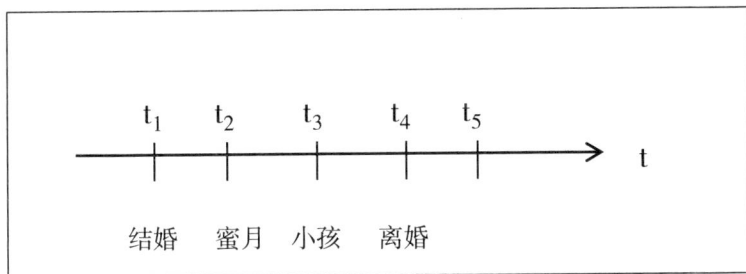

图 3　理性也会犯错

其次，理性有刻度高下之分——在商业上和竞争对手锱铢必较的思维，想必和酒桌上与朋友打敬酒官司时不同。同样的，三十而立的思维和五十而知天命时的思维，缜密程度当然有高下多少之别。而且，这些现象还隐含了重要的一点，人会有意无意地"换挡"（shifting gear），选择以多少的理性来面对环境。理性的运用，可能超过一般人的想象。

再次，法学里经常会提到"激情犯罪"（crime of passion），看似不理性，其实不然。激情犯罪时的理性和平常不同，但不是没有理性——激烈吵架时，气愤而动刀动手伤害对方，不就是目标明确，希望尽可能宣泄自己的愤怒，伤害自己眼前的对象吗？

最后，采取"人是理性的"这种立场，可以清楚明确地一以贯之。相反的，如果采取另一种立场：人有时候是理性的，有时候是不理性的！那么，问题立刻出现：哪些因素决定了人的取舍？由理论建构的角度着眼，这是自找麻烦、舍近求远，看似聪明，其实思虑短浅！

自利

关于人是自利的，更容易引起一般人的困惑、排斥，乃至于贬抑，有几点值得澄清。首先，自利，是指人的行为，"是"对自己有利的。这是一种实际上的描述，是"实然的"（a positive description），而不是"应然的"（a normative prescription）。也就是说，无关价值判断，这是一种对事实的描述刻画而已！

其次，利益（interests），当然有很多种：物质精神，狭义广阔。把自己打扮得风光靓丽，固然是自利；把自己的家小照顾得快乐康健，当然也是自利。很少有人是不顾自己、自己的家小，而一心一意去照顾别人、别人的家小。当然，这些人的行为，也是自利，只不过"自利"的内容，与众不同罢了。

再次，有人质疑，对于那些"损人不利己"的人，行为是自利的吗？有两点值得细究。第一，"损人不利己"通常是指别人的行为而不是指自己。如果 t_4 这个时点，想起自己 t_1 的行为，其实是损人不利己，那么，这已经是不同的时点，数据库不同，情境也不大相同。第二，有些人、有些时候，会在伤害别人的同时，也伤害了自己，譬如：把情敌打伤！这时候，加加减减，自己从里面得到的快乐（？！）必然是超过自己承担的损失——苦肉计，差堪比拟。

最后，1993 年诺贝尔奖得主道格拉斯·塞西尔·诺斯（Douglass Cecil North，1920—2015），在集大成经典《制度、制度变迁与经济成就》（*Institutions*，*Institutional Change and Economic Performance*）里，第二章就提出理论上的大哉问："合作——理论难题"（Cooperation: The Theoretical Problem）。他探讨的主题，是整个社会的经济表现，但是追根究底，把问题的关键归结到人与人之间的"合作"。隐含的意思，至少有两点：经过长期的演化，自利已经是人的本性，"利他"，只有在特殊条件下才会出现。还有，合作互惠，并不容易，特别是范围扩大，人数增加之后。

（三）理性自利：合论

在经济学者眼中，人"是"理性自利，而不是人"应该"或"不应该"理性自利。这是对实际情况的描述，而不是一种价值判断。

当然，关于"理性自利"，也可以有不同的立场。温和的立场（weak form），是把理性自利当成是一种假设，是为了便于分析所采取的前提。另一种，是强势的立场（strong form），认为理性自利是一种事实的描述（factual statement）。很明显，后者是"经济学帝国主义"（Economic Imperialism）的态势。哪一种立场较好、较有说服力或较有趣，当然本身又是一个可以争议不休的问题。

诺贝尔奖得主盖瑞·史丹利·贝克（Gary Stanley Becker，1930—2014），博士学位论文在 1976 年出版为书，名为《人类行为的经济分析》（*The Economic Theory of Human Behavior*）。1992年，当他得到经济学的桂冠时发表演讲，名为"行为的经济分析"（An Economic Approach to Behavior）。言下之意，经济分析不只适用于探讨人类行为；对于乌贼、老鼠等的行为，也同样适用。珍妮特·戴·兰达（Janet Tai Landa）回顾生物学的文献，饶有兴味地归纳出：蜜蜂和蚂蚁的防御工事和应战策略，完完全全可以用经济理论来解释。

另一位诺贝尔奖得主罗纳德·哈里·科斯（Ronald Harry Coase），对于经济学者在其他领域里大张旗鼓、张牙舞爪，期期以为不可，或者至少很保留。他意有所指地表示：也许，对于经济问题，经济学者觉得力有未逮，才跑到其他领域去试试手气吧？！然而，经济分析是否适于进入其他领域，在这个问题上，不妨让证据来说话。事实上，科斯自己都这么表示："经济学者就像卖瓦罐的小贩，向人们兜售自己的产品。"在其他领域里，经济学者能不能引领风骚，就看他们能不能逮得住耗子！

（四）法学和经济学

就法学和经济学这两个学科而言，毫无疑问，法学的历史更为悠久。近代经济学的奠立，通常以亚当·斯密 1776 年出版的《国富论》为准；时至今日，也不过才 200 多年。然而，就理论的发展和严谨性来看，经济学却有一些明显的特点，值得法学参考借鉴。

法学理论：浅析

翻开任何一本法理学的教材，或看看法学期刊里的论述，约略可以得到两种印象。法学理论，大概有两种：第一类，是以思想源流为名，譬如，自然法学派、现实主义法学、功能主义法学等等；第二类，是以学者个人为名，譬如，亚里士多德、柏拉图、康德、哈特、德沃金的理论等等。

这些"理论"，添增了法学的内涵，丰富了法学的思维，当然价值可观。然而，这些理论，固然反映了时代特色或个人慧见，却多半呼应一时一地，而不是能跨越时空、普遍成立的"一般理论"（a general theory）。一言以蔽之，在法学理论里，似乎（？）并没有众议佥同的核心（core），是主流法学界所共同支持，能够作为法学理论的基础，并能据以发展各个部门法的理论。

借着一个例子，可以稍稍反映这些理论的潜在问题。具体而言，华人文化里，"儒家""法家""墨家"等思想各有特色，而且在历史长河中，曾经各领风骚。然而，无论引据哪一家，能够指引目前的法学问题，能对立法工作和司法实务，有明确的呼应吗？勉强地援引，往往捉襟见肘，传统思想学派如此，难道西方法学思潮不也是如此吗？就理论的普遍性和严谨性而言，法理学还有很大的发展空间！

法学界的学子（包括学者），不妨心平气和地自问："先了解社会，再了解法律。"对于社会，自己有没有一个清晰有力的分析架构？同样的，自己对于法律的了解和阐释，所依恃的又是什么？在自己的工具箱里，是不是主要就是"甲说乙说"以及自己的生活经验？对于具体的法学问题，自己的判断是依据一些想当然耳的信念（beliefs），或是可以追究到基于事实（facts）的论述？或者，换一种检验方式：在论断法学问题时，自己所依恃的"权威"（authority），是信念还是事实？

经济理论：引申

对于法学而言，经济理论至少有三点值得强调：第一，官司案件，是法学研究中重要的材料。天平两边谁输谁赢（或共输共赢），往往系于一线之间，因为魔鬼常常躲在细节里。经济分析探讨经济活动，对于盈亏可以计较到锱铢（小数点）。因此，在分析利弊得失上，经济分析涉及金钱数字，本身就隐含着论述取舍上的优势。

第二，经济学只是一套分析工具（或思维方式），在相当程度上，是价值中立（value free）的。伦敦政经学院蒂莫西·约翰·贝斯利（Timothy John Besley）教授的一段话，平实而中肯："其实经济学并不隐含任何立场或结论——经济学只是一套分析世界的工具，而且可能得到各种不同的结论，包括赞成政府干预和反对市场干预的结论！"——这是他发表长文，响应迈克尔·桑德尔（Michael Sandel）对市场和经济学（者）的质疑。言下之意，经济分析只是工具，在相当程度上，是价值中立的。

第三，法学里（司法实务上亦然），概念（concepts）具有非常重要的地位。然而，各个概念的内涵和外延（边界所在），却往往是（又是）诉诸争论者的个人经验，或学界大佬的判断。相形之下，"概念"也是社会现象的一环，也可以援用经济分析的架构。对于各种法学概念作成本效益分析，既有智识上的兴味，对司法实务也非常有参考价值。

（五）尾声

第一节里，勾勒了经济学的分析架构，也描绘了法学和经济学之间的关联。具体的内容，可以条列式地归纳出几个重点。

第一，经济学的分析架构，可以总结为四个环节：分析的基本单位、行为特质、加总和均衡、变迁。

第二，个人，是分析的基本单位。对经济学者而言，个人具有两个特质：理性和自利。

第三，经济分析的架构，可以探讨经济活动，也可以分析社会、政治、法律等其他问题。

第四，经济分析的性质，是实证的，让证据说话，可以为法学理论提供稳健的基础。

第五，对于法学里的各种概念，也可以援用经济分析的架构，探讨内涵和边际所在。

二、行为特质和规则

（一）宗旨

这部分也有两个重点：第一，阐释经济分析架构的第二个环节，也就是人的"行为特质"；第二，由行为特质联结到法律，清楚展现经济分析和法学之间的关联。

行为特质

第一部分里说明，个人是分析社会现象的基本单位，而在经济学者的眼中，人具有两个特质：理性和自利。然而，根据这两个特质，人在行为上又会展现出哪些清晰可辨的规律性（regularity）呢？

一般人可能会认为，人有七情六欲，行为的动机和表现千奇百怪。然而，对于（头脑简单、世俗无比的）经济学者而言，总希望能以简驭繁、一以贯之，用简单的概念解释诸多社会现象。经过历代经济学者的努力，已经慢慢归纳出一个重要的体会："降低成本"是人们行为的"主要驱动力"（the major driving force）。无论目标如何（做功课、做家事、追男女朋友、吃喝拉撒睡等等），自然而然地，人们会以较省事、少费心力的方式进行。每个人不妨自问，自己的行为是不是如此？抽象一点来看，学者希望理论能"以简驭繁"，也正是降低成本的反映，不是吗？

（二）规则

生活里，规则无所不在：走路开车，多数华人社会靠右；中国香港、英国等地靠左。吃饭喝汤时，不能呼噜作响，不能穿睡衣逛大街，不能家暴（包括言语），等等。然而，规则的意义，一般人却往往知其然，而不知其所以然。

抽象看来，规则的意义可以由下面的图4看出。"光谱"（spectrum），是指这个线段上面有很多点，或很多个区间。若是颜色，光谱上有红橙黄绿蓝靛紫，还有许许多多介于这七个点之间的其他颜色。同样的，人们的各种行为，也有众多的可能性。譬如，走路，可以直走、侧走、倒着走、倒立着走、绕着圈走……眼前所见，通常是演化之后的规律性，只集中在光谱上的某一小段区间。但是，对于社会科学家而言，值得有较完整的体会：光谱上还有其他的点（其他的可能性），只是比较少见而已！

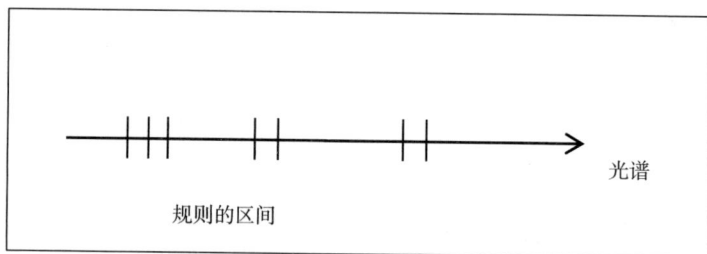

图4　行为的光谱

结合

由降低行为成本，可以清楚而直接地解释，规则由何而来？在光谱的诸多可能性里，人们会慢慢地缩小范围，进而集中在一个区间上。这么做，可以大幅降低行为的成本。对个人而言，就是日常生活、饮食起居乃至于言谈举止的习惯（routines）。对于一个人以上人际之间的互动，也是如此。规则的形成，有助于人际间的相处，可以降低彼此互动的成本。

这个过程，有两点值得强调。一方面，由降低行为成本而规则化，是一个自然而然的过程。不是根据上苍旨意或圣人教诲，而是完全符合了人们理性和自利这两个特质。另一方面，对群体而言，"规则"的出现，已经隐含了风俗习惯（不成文法）和典章制度、法令规章（成文法）的由来。而且，群体的规则，主要是对这个群体的成员而言，是有利的；对于群体成员外的其他人，却未必符合一般人或公众的利益。也就是，群体的规则是小范围，地域性的有益（locally efficient），和大局、社会未必有关。譬如，华人社会聚会聚餐时，大声说话彼此呼应，随心所欲称心快意。然而，对旁边的人而言，却是嘈杂喧嚣，令人侧目。

一言以蔽之，"规则"的出现，无论对个人或群体，都是一种工具性的安排，具有功能性的内涵。背后的驱动力，就是降低行为成本，完完全全呼应人的理性和自利两大特质。

（三）最小成本：案例

降低成本，是行为主要的驱动力，也会明显或隐晦地反映在律法里，无论是成文法或不成文法的传统。

美女与野兽案

2016年，八达岭野生动物园发生老虎伤人的意外事件，备受热议。几年前，台湾也发生过老虎伤人的事故。站在法学教育者的立场，值得从对比分析里，萃取有意义的法学思维，除了有益法理的发展，也希望能对社会大众有参考的价值。

首先，是发生在台湾的老虎伤人事件。苏联解体之后，很多演艺人员到世界各地去表演，包括芭蕾舞星、歌唱家、魔术师等。其中，一个马戏团，到中国台湾去巡回演出。

有一天，马戏团要载运一只老虎，从甲地送到乙地，装笼后，笼子上明确告示："老虎危险，请勿靠近。"小货车行经某一个十字路口，刚好碰上红灯停下。一名38岁的女性经过，想摸摸老虎的毛；手伸进笼子，老虎一回头，咬断了她的手。很明显，这个意外涉及两方面：38岁的女性，以及载运方／马戏团。这个纠纷，如果双方不能和解，法庭如何判断，比较合理？

利用时间轴，图5呈现了几个重要的时点：t_1 老虎装笼，t_2 货车开到十字路口，停下，t_3 女士伸手拍虎，t_4 女士手少了一截，t_5 双方打官司，分出是非！其他时点，譬如车行哪些路线，哪个十字路口停下，等等，并不重要。那么，由图5来看，法院该如何斟酌较好呢？在马戏团和美女这两方里，谁应该负多少责任？理由何在？

在我面对的各种场合里（包括法官和检察官），很多人都认为：这名女性要负主要责任（超过50%），因为已经有警告标示，又是38岁的成年人。在图5里，这个思维隐含着，t_2 是关键的时点，因为在这个时点上，美女出现，准备出手。

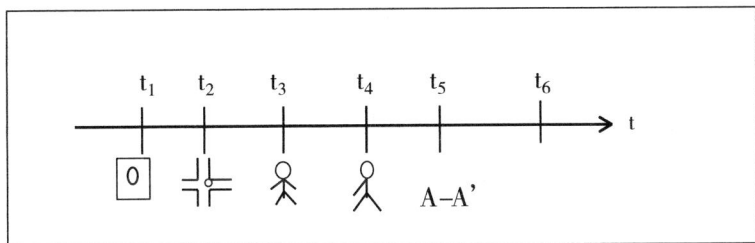

图 5　美女与野兽

　　然而，考虑这个意外的前因后果，t_2 不是重要的时点，t_1 才是关键所在。原因也很简单：老虎的习性动作，马戏团和载运方最了解。只要在装笼的时候，以很低的成本采取防范措施，就可以避免后面的意外。譬如，把老虎装笼之后，放在一个更大的笼子里，即使手长如姚明者，也碰不到内层的笼子，不就没事了吗？或者，在笼子的内层，铺上一层细密但通风的防护网。或者，在笼子外面罩上一个深色防护布套，留下通气口。这些简单的措施，都可以防范不幸事件。

　　还有，很多人认定：老虎危险是常识，而且又有警告标示，38岁女性去招惹，当然自己要负主要的责任。然而，稍稍琢磨，这种判断是自相矛盾，逻辑上站不住脚。试想：如果她知道老虎危险，难道还会把手伸进去吗？可见得，逆向推论：她并不知道老虎多么危险！也就是，由此可以引发一个法学上有趣的概念：什么是"危险"？

　　危险，至少可以分成两类：精确的（precise）危险和模糊的

（vague）危险。热水烧开了，100℃，你知我知，摸了会烫手，这是精确的危险，因为有实实在在的生活经验作基础。然而，一般人看到老虎，是在电视节目或动物园里，时间有限又隔得远，老虎危险，只是一个模糊的概念。当然，家里有"母老虎"的人，对于"母老虎"的凶猛程度，会了解得多一些！

因此，基于以上这两点主要考虑，马戏团 / 载运方当然要负主要（甚至是绝大部分）的责任。在逻辑上，和"宠物伤人，饲主负主要责任"一致——遛狗时，让爱狗戴个嘴套，成本很低，却能避免潜在的不幸事件。

许霆事件

在中国大陆，许霆案广受瞩目，网络讨论以万千计。由经济分析和降低行为成本的角度着眼，其实脉络分明，一清二楚。

许霆案的情节简单，年轻人去提款，提款机吐出钞票而存款数目不变。诱惑之下，许霆前后领去十余万元现金，符合"金额特别巨大"的标准。逃亡不久被逮，初审判决：盗领金融机构巨额资金，据为己有，无期徒刑！判决合理与否，不妨稍稍评估一下：在许霆和金融机构这两者之间，由谁来防范这个不幸事件，成本较低？

许霆，不过是个倒霉的年轻人，在错误的时间，出现在错误的地方，禁不起诱惑，犯下意志不坚的错误。而且，每个人不妨自问：如果自己面对同样的情境，看到钞票不断吐出，而存款金额不变，有多少人能禁得起诱惑，把钞票完璧归赵，还给金融机构？另一方面，如果金融机构在计算机程序上，多设几道防护措施，自然可以避免这种情况出现。两相对照：一种是要千千万万的许霆，都能不受诱惑；另一种是要金融机构调整计算机程序——哪一种比较容易，成本较低？

而且，更重要的是，如果这一次重判许霆，下一次再有类似的计算机程序失误出现时，另一个倒霉鬼（可能是你我）又可能受不住诱惑而犯错。这有一点像天上掉下陨石，砸到谁，谁就倒霉。相反的，如果这次把主要责任归咎到金融机构，金融机构必然立刻调整计算机程序，避免再出现类似的失误。不只这家金融机构剑及履及，所有其他的金融机构也会风行草偃，立刻跟进。未来再出现许霆的几率，必然大幅降低。试问：对整个社会而言，哪一种处理比较好？

小结

美女与野兽案和许霆案，都是真实世界里有血有肉的情景。由降低（最小）成本的角度，很容易掌握处理案情的方向。这意味着，降低成本是人们行为主要的驱动力，这个特质也会（也应该）反映在法学的思维里。

传统法学教育里，也经常提到"法益"。可是，凭借的多半是论述者个人的经验或直觉。相形之下，经济学的成本效益，都是由真实世界具体现象归纳而出。成本效益的概念，可以解读诸多社会现象；同样的，也可以成为法学工具箱中的一种工具，有助于思索各种法学问题。

（四）规则的逻辑

降低成本，是指引行为的主要驱动力。而结果之一，就是逐渐形成各种规则，对个人或群体而言，都是如此。因此，换个方向，由规则开始琢磨，也可以捕捉形成规则的主要因素。两个方向来回驰骋，可以增加对行为特质和规则的体会。

见猎不心喜

在职业或业余球赛里，无论篮球、足球、橄榄球、曲棍球等，都有一些耀眼的明星。足球界的贝克汉姆、C罗和梅西等，广为人知。然而，较不令人注意的是，球队竞赛对阵时，已经发展出一些潜规则：你知我知，心照不宣，就是不恶意伤害对方的主要球员。可是，为什么呢？以下驷对上驷，设法让对方主将受伤离场，不是对自己很有利吗？

最直接的解释，想来合情合理：球是圆的，你伤害我的主要球员，我也会如法炮制，双方折损主将，何苦来哉。特别是，观众买票进场，可不愿意看到这种赤裸裸的血腥场景。然而，稍加思索，却可以触及水面下那十分之九的冰山!

具体而言,激烈竞赛里,碰撞受伤是常态。然而,在球场上征战的老手都清楚,什么是"恶意犯规"。如果以恶意犯规伤害了对方的主要球员,等于是把球赛升级,改变了彼此互动的性质。一般情况下,双方球员的行为,都会自我约束,在行为的光谱上(图5),集中在某一个区间之内。可是,如果其中一方恶意伤害对方主将,等于是挣脱了原先的区间,破坏了彼此的默契。这时候,球员动作开始野蛮粗暴,球赛的不确定性增加,不只是主将,所有球员受伤的机会,都明显增加。光谱上行为区间的扩充,对双方来说显然都不是好事。

同样的道理,交战国之间,彼此不暗杀对方的领袖,也有类似的考虑。有限战争突然升级为全面战争,对双方的代价都很昂贵。

交手几回合

规则的内容,涉及许多因素,其中很重要的一环,是彼此交往的次数和频率。这里介绍三个基本的观念,再稍作引申和法律联结。

单回合交往(oneshot game)

如果双方的互动(交往、交易、交换)只有一次,就此别过,从此不相往来,那么,在互动的内容、形式、规则上,当然会巧妙地反映"单回合"的特性。

譬如，武汉是九省通衢，港埠的经济活动，很大比例是今天完成交易，明天已经到上游或下游。因此，在"这一次"的交易中，既要突显自己货品的优点，也要隐藏潜在的缺点；既要贬抑对方货品的优点，更要防范对方的缺漏。"上有九头鸟，下有湖北佬"，其实生动地反映了港埠文化下，"单回合"交易的特质。

还有，各个观光景点，卖的纪念品等，通常单价不是特别高，而且质量触目可见。原因：便于一次性买卖。单价高昂，性质复杂的商品，不适合单回合交易。当然，单回合交易，也往往隐含信息不对称（asymmetric information），欺生哄骗的情节所在多有。青岛38元一只的天价虾，我无缘品尝，但是，青岛50元一只的烧烤小小鲍鱼，我却有幸吞下好几只。味道确实特别，经验也特别难忘。

多回合交往（repeat game）

重复交往互动之下，信誉和品牌等，成为可能。而且，赊欠信用借贷等，也可以慢慢发展。

追根究底，多回合互动最重要的特质，是"奖惩"成为双方手中的工具（筹码）。这次你对我好，下次我也对你好（或更好一点点，或多赊一点账）；你的作为不上道，我也以其人之道送还其人。很多人眷念美好的旧时光，农村（渔港）小镇里民风淳朴，彼此守望相助。表面上看起来是道德良俗，其实本质上是多回合交往的特性使然。当今都会区里，彼此都住在公寓电梯大厦里，物理上的距离，比农村里更少。可是，重复交往的机会（和必要性）减少，自然互不干扰、各得其所。守望相助的功能，已经由保安和业务人员取代。

最后回合（last period game）

人之将死，其言也善（哀）。最后一回合，表示没有明天，奖惩不再发挥作用，其中一方可能取巧——退伍退休前，很多老鸟老臣"躺着干"，原因在此。因此，另一方可能采取某些措施，以为因应。譬如，退休金额度的计算，加重退休前最后几年的业绩！

（五）尾声

在前文宗旨里讲了本部分也有两个重点：阐释经济分析基本架构的第二个环节——行为特质。把"降低成本"这个特质和规则作一联结。主要的慧见（insight），两言以蔽之：规则的出现，是为了降低个人自处以及人际互动的成本。规则的形成和内涵，受诸多力量雕塑，而彼此交往的次数和频率，是重要的决定因素。

三、加总和均衡

(一) 宗旨

这部分同样也有两个重点：首先，阐释经济分析架构的第三个环节，也就是"加总"和"均衡"；其次，在法律和法学的情境中，进一步阐明这两个环节的意义。

(二) 加总和均衡：经济分析

经济分析的基本架构，可以简洁地表示为"分析基本单位、行为特质，加总和均衡，变迁"。加总（aggregation）和均衡（equilibrium），居于关键的地位。

加总

就经济活动而言，加总的概念很简单。一个书报摊里卖的报章杂志，只是这个书报摊的"个别供给"（individual supply）。上海市报章杂志的供给，是把上海所有书报摊、书店等的供给加在一起。全国的供给，就是把上海各地的供给量加在一起。由"个别"到"总量"，就是一个加总的过程。供给的对应，就是"需求"（demand）。由一个人的冷饮需求，到城市和国家，乃至全球，也是由"个别需求",通过加总而成为"市场需求"。供给和需求,就构成了市场的两股力量。

亚当·斯密的《国富论》,是探讨整个社会的经济活动。萨缪尔森的《经济学》,也遵循这个传统。在前半部分,探讨整个经济体系;在后半部分,才分析个别的消费者、厂商等。前半部分的材料,主要是"宏观"(macro)现象;后半部分的材料,通常称为"微观"(micro)。然而,随着经济学的发展,经济学者之间逐渐形成共识:宏观现象,是由微观行为加总而来。在理论的建构、发展和学科的介绍上,应该是先微观、再宏观。因此,自第 14 版(1992 年)起,萨缪尔森的教材,也调整顺序,先介绍微观,再处理宏观。

这个小小的转折,看起来不起眼,却是方法论上重要的调整。要探讨整个体系的现象,先要由个别行为着手,只有掌握了微观的脉动,对宏观的探讨才有意义。这就是经济学里常提到的,宏观现象的微观基础(the micro foundation of macro phenomenon)。在其他学科里,也有类似的考虑。社会学里,对家庭、小区、宗教等的探讨,也隐含由小到大、由基本单位到群体,一个加总汇集的过程。在政治学里,政党和选举等,都是宏观层次的现象。这些宏观的现象,都有微观的基础,也都隐含一个加总的过程。

均衡

市场里，供给和需求互动（相会）之后，会逐渐达到一种稳定的状态，称为"均衡"。图 6a，呈现一个典型市场（譬如，冷饮的市场）里的供给和需求。供给（S）的特性：价格愈高，供应量愈大；需求（D）的特性：价格愈高，需求量愈少。D 和 S 相交的点（E），决定了这个市场里的价格和交易量。

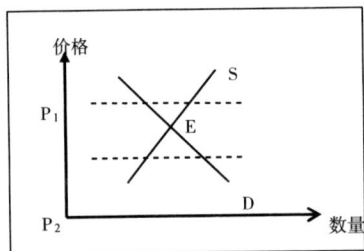

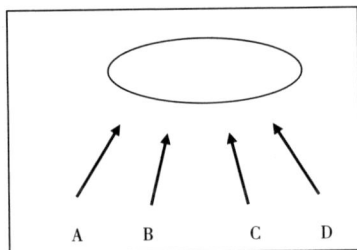

图 6a　供需均衡　　　　图 6b　抽象的均衡

抽象来看，"均衡"意味着两个特性：稳定和重复出现。冷饮的价格，通常不会像股价一样频繁波动（volatile）。图 6b，是把 D 和 S（市场）抽象化。社会现象，通常是由几个主要力量所支撑，在交互影响下，体系慢慢达到稳定、重复出现的状态，也就是均衡。

经济分析，也往往被称为"均衡分析"（equilibrium analysis）。因为，一方面，真实的世界，约略如此；另一方面，就分析而言，这是一个好的起点。如果市场一直处于变动不居的状态，经济学者将很难提炼出经济活动的规律性（regularity）。同样的，对于政治、社会和法律现象的分析，"均衡"这个概念也有很强的解释力。而且，图 6b 的右边，也透露出探讨社会现象的一种途径：对于眼前的社会现象，可以往下落一层，琢磨支撑这个社会现象的主要因素（major factors），到底是哪几个。而且，可以进一步追问：如果目前的状况（均衡）不理想，自己手中有没有足够的资源，足以改变主要因素中的一个或两个？

如果答案是否定的，就表示：现况虽然不理想，但改变的条件还不具备，现况还会延续下去。由此，也可以联结到另一个相关、有启发性的概念：低度均衡（low equilibrium）。例子：贫民窟、尖峰时期的塞车、法治不上轨道时的托关系送红包走后门，等等。"破窗理论"（The Broken Window Thesis）所描述的，也是一种低度均衡：小区里空置厂房的窗户，若被砸破一块，无人修补；那么，很快，其他的窗户也会破损。最后，到处是破窗（垃圾、闯红灯、插队……）的状态，这就是不折不扣的低度均衡。

低度均衡的概念，也隐含对社会现象、公共事务的一种态度：存在不一定合理，存在一定有原因。对于不理想的状况，最好先了解结构性的因素，再检视手中所拥有的资源。否则，即兴式、想当然耳式的兴革，往往是三分钟热度、虎头蛇尾。甚至，短暂变化后的故态复萌，反而让低度均衡更为巩固。

（三）加总和均衡：法学

在法学教育或法学论述里，几乎很少看到"加总"和"均衡"这两个词汇。然而，稍加阐释，这两个概念如同两盏镁光灯，可以照耀法学的某些角落。

加总

经济活动里的加总，是很单纯数量的总和。而在法学里，没有类似的情境。相对加总的阐释，最好由另外一个角度着眼。弗里德里希·奥古斯特·冯·哈耶克（Friedrich August von Hayek，1899—1992）曾以林间小径为例，阐明人际互动的特性：两村相隔，居民往来。在树林之间，有许多途径，但是最后却慢慢地走出一条明确可循的小径。这是"自然形成的秩序"（spontaneous order），无须政府或外力介入。

抽象来看，原始／初民社会的律法，也遵循同一种轨迹。群居生活，总有不可避免的摩擦纠纷、烧杀掳掠。如果不善后，生活秩序荡然混乱，对大家都不好。因此，虽然所处的自然条件不同，都会发展出适合本身的游戏规则。重要的是，林间小径是由众人累积而成，一旦形成，后人经过时的步履，等于是把小径踏得更为结实深厚。同样的，初民社会的律法一旦孕育而成，每次被援用施展，都有擦拭和加固的作用。

也就是说，经济活动的加总，是 1+2+3……法学里的加总，是滴水穿石、添砖加瓦、蚌壳生珠、铁杵磨成绣花针一般，是一种沉淀累积的过程；是个别、片段、琐碎的行为，经过漫长时间的凝结固化，累加而成的结晶体。经济活动的加总，是同一个时间点上，横断面的相加；法学里的加总，是跨越时间、纵贯面上的累积。

均衡

林间小径一旦形成，日复一日，年复一年。稳定、重复出现，就是一种均衡。同样的，风俗习惯一旦形成，往往代代相传，是如假包换的"均衡"。

近 20 年，美国法学界的热点之一，是对"规范"（norms）的探讨。《无法之序》（*Order without Law*）一书，广受瞩目，几乎已经成为经典。作者罗伯特·埃里克森（Robert Ellickson，1994）对美国加利福尼亚州地区实证研究，发现牧场之间，免不了有牛马越界之类的冲突摩擦。但是，一旦发生，邻里之间的处理方式，是当地你知我知，习惯或自然的做法，而不是法律所界定的游戏规则。

官方的法律，和民间的"法律"之间有落差，所在多有，中外皆然。根据民法，子女继承时，男女权利一样。然而，至少在相当长的一段时间里，民间所接受的是：只有男生（儿子）可以继承，女生象征性地分得一点点；长孙，也可以分得一份；长子，因为要供奉祖宗牌位，也多得一些；等等，不一而足。风俗习惯，是民间所遵循和支持的规范（游戏规则），代代相沿，就是一种均衡（稳定、重复出现）。由此也可见，"均衡"是一种中性的观念，本身不含价值判断。如果涉及臧否，会有额外的成分——譬如，低度均衡。

由均衡，可以联结到另外一个重要的概念：路径相依（或路径依赖，path dependent）。在目前这个时点（t_0）的位置，会影响到选择的可能性，也因而会影响到下一个时点（t_1）的位置。社会的演变，是一种缓慢、连续的过程，而（通常）不是跳跃、间断式的变化。即使是改朝换代的革命，思想观念和风俗习惯，也会延续蜕变，而不是戛然中止。

伊斯兰裔的美籍学者帖木儿·库兰（Timur Kuran）长期关注伊斯兰教世界的演变。他曾为文指出：《古兰经》里的教义（包括借贷不得收利息）一旦深植人心，世代相袭，会影响千百年后的经济发展。路径相依的概念，最早是由经济学者保罗·阿伦·戴维（Paul Allan David）所提出。他所引用的例子之一，是打字机的字母排序方式。一旦广为流传，路径相依，就不容易改变，即使后来有更合理有效率的排序方式。路径相依的概念，透过诺贝尔奖得主诺斯的宣扬，广为人知，广受援引。

（四）自然法的真谛

在华人文化里，法学传统通常包括法家、儒家、道家、墨家等。在西方文化里，法学传统必然包含"自然法"（Natural Law）。

利用前面两节的内容，可以对自然法作平实深入的解读。

自然法：一说

西方文化传统里的自然法，可以由法学，也可以由哲学来解读。就法学而言，自然法的核心观念，大致如是：人们的心目中（脑海里），都有一些简单自明的道德（伦理）观念，经由理性的思辨（reason），可以掌握这些理念和原则，并且成为法律的基础。

自哲王柏拉图以降，历代的哲学家，对自然法的精神，不断地作出阐释。然而，精髓所在，却一脉相承：道德原则简单自明，是普适价值，通过理性思辨，可以捕捉。而且，自然法是人们的"心中之法"，和真实世界的法律（positive law），未必一致。自然法的神韵，可以借着文天祥的《正气歌》来表达："天地有正气，杂然赋流形。下则为河岳，上则为日星。于人曰浩然，沛乎塞苍冥。"自然法的传统，正气凛然，掷地有声，成为西方法学思潮不可缺的成分，可以说是有以致之。

自然法：再谈

哈耶克"林间小径"的故事，事实上为自然法提供了第二种阐释。"自然形成的秩序"，隐含着一种没有外力干预，自发地经过尝试错误（trial and error）、慢慢凝结稳固的过程。

这个过程和隐含的逻辑，也呼应了原始/初民社会的律法。因此，自然法，除了"心中之法"的解释外，也可以由"自然形成之法"来阐释。虽然都是"自然"，但是前后两者显然着重点不同。西方文化中的自然法，强调道德理念，强调普适价值，也强调亘古长青。相形之下，初民社会"自然形成"游戏规则，强调的是自然而然的过程、没有外力干预和因地制宜的多样性。

一言以蔽之，西方文化的自然法（Natural Law），是大写的 N 开头，庄严神圣；第二种解释的自然法（natural law），是小写的 n 开始，平实自然。

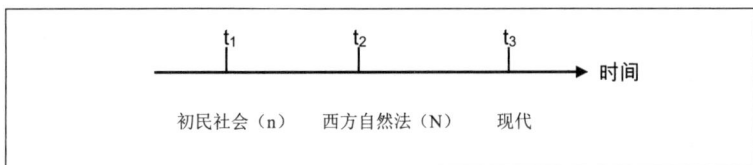

图 7 自然法

(五) 引申

对于"自然法"所涉及的问题，还可以作进一步的引申。首先，图 7 里借着时间轴，呈现了两种自然法的相对位置。就出现的先后而言，初民社会里自然而然地发展出各种律法，这是自然法（小 n）；由哲学家（不是初民）提出的自然法学说（大 N），不过是最近两三千年的事。

其次，西方文化中的自然法，是哲人智者由反思中发展而来。他们出生时，已经有各式各样的法律和道德。因此，凭借想象和省思，他们"认定"道德是普适价值，并且据以论述。这是一种想当然耳式的论述，对于道德的性质和由来，道德和法律之间的关系等问题，他们所依恃的是自我省察和反思，而不是拿证据来式的论证。

再次，一旦"认定"道德是普适价值，对于三个关键问题，等于是避而不谈：社会现象（包括道德）"是什么"？"为什么"会出现？未来"将如何"？相形之下，对初民社会律法所作的解释，清清楚楚，像画连环画一样，呈现了对三个问题的响应：是什么？初民社会的律法，"是"一种工具。为什么？"因为"有冲突纠纷，所以要善后，要有彼此共存共荣的游戏规则。将如何？随着主客观环境的变化，律法（和道德）将与时俱进。发挥的功能容或不同，但是"工具"的本质却始终如一。

最后，就理论的完整性而言，哲人雅士所发展的"自然法"（N）理论，可以说只是不完整的半个理论。能追本溯源，对初民社会律法提出解释，才是完整的理论。

（六）尾声

这一部分的重点，先解释经济分析架构的第三个环节：加总和均衡，而后，把这两个概念和法学／法律建立联结。同时，也介绍了衍生的两个概念："低度均衡"和"路径相依"。接着，利用这些分析性概念，解释西方法学传统里自然法的思维。并且，运用经济分析，对初民/原始社会的律法，作对照式的解读。自然法的真谛如何，最好由读者自己来判断。判断理论的高下的尺度之一，自然（没有其他隐喻或反讽）是解释力的强弱！

四、变迁

（一）主旨

这部分的重点有两个：第一，经济分析基本架构的第四个环节，变迁；第二，变迁和法学的联结。

著名经济思想史学者罗伯特·路易斯·海尔布伦纳（Robert Louis Heilbroner）曾描述：人类历史可以划分为三个阶段，第一个阶段里，人们思维相对简单，没有"未来"的概念。第二个阶段，已经意料到，太阳明天还是会升起，可是，春夏秋冬、物换星移，未来只是过去和现在的重复。第三个阶段，工业革命（1776年）之后，社会快速变化。人们清楚地意识到，未来的社会，将和现在及过去不同。而且，未来变得会更好。

未来是否会更好，或许有争议。但是，变迁已经是常态，甚至成为社会脉动的主旋律，却是不争的事实。

（二）变迁：经济分析

基本的分析架构，是"基本单位、行为特质，加总 /均衡，变迁"。如果只有前三者，分析将是不完整的理论，所描述的故事，也将是部分的情节而已。

流程

变迁，本身就隐含时间，以及一个过程。借着图 8，可以清楚地呈现变迁的重要内容。这个结构，是由一本经典里撷取，作者是美国社会学会会长、重要社会学者詹姆斯·塞缪尔·科尔曼（James Samuel Coleman）。图 8 的左方，分为两个层次：宏观和微观。上方，分为三个时点，t_0，t_1，t_2 分别表示时间流程中，三个不同的阶段（回合）。很明显，阶段可长可短，短则三两个月，长则以世纪或千年计。

变迁的故事，可以约略描述如下：在 t_0 这个时点上，社会（宏观）的层次已经累积了各种典章制度、风俗习惯、思维观念等。这些现存的条件，影响了人们（微观层次）在 t_1 这个阶段的行为。经过互动加总汇集，又影响了整个社会在 t_2 的典章制度等。由宏观到微观，再由微观到宏观；这个过程反复循环，社会慢慢蜕变演化。

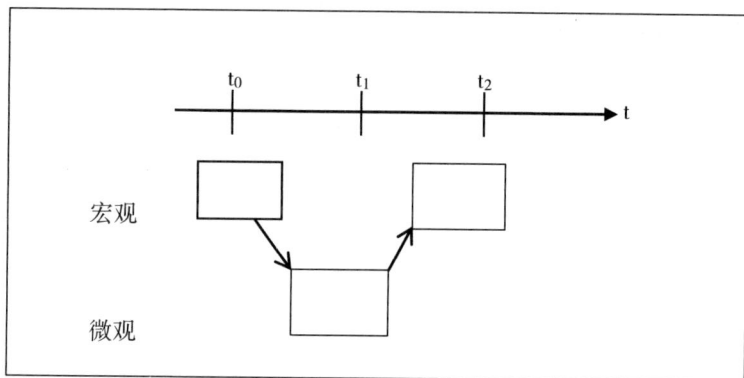

图8　社会变迁

这个图形，还可以稍加阐释。社会的典章制度，是慢慢形成，蜕变的过程，也通常是渐进式的（incremental change）。速度可能像冰河移动般，每年只有两三厘米。另一方面，典章制度可以分成正式的法律规章和非正式的风俗习惯等。即使革命政变，带来正式制度的剧变，譬如改朝换代。然而，风俗习惯思想观念，不可能旦夕之间说变就变。清朝结束之后，还有很多人坚持留着辫子，可为佐证！

三段论

利用图8，对变迁还可以有另外一种描述的方式。一个体系，在 t_0 这个时点上处于均衡的状态，稳定、重复出现。然后，由于内在或外在的冲击（shock），打破了原有的均衡。经过一段时间的调整，在 t_2 这个时点上，又达到新的均衡。因此，这是一个"均衡—变迁—均衡"的过程。

根据这种描述，探讨的重点有几个：第一，原先的、旧的均衡，和新的均衡之间，各有什么特质，有哪些差异？第二，变化的种子，又是由何而来？第三，变迁的过程，又有哪些特质。针对第二点，可以先稍作发挥。

打破原有均衡、促成变化的，通常有两种可能：外来冲击（external shock），或内在因素（internal factor）。外来冲击的例子，不可胜数，如：麦当劳和肯德基登陆之后，改变了餐饮业的生态，在经营方式、质量管理、餐饮空间等方面，都带来明显的变化。又如：意大利蜂被引进大陆之后，中华蜂的生存空间，受到挤压。两者之间和平相处、共存共荣的新均衡，还没有达成。

内在的因素，可以用"企业家"（entrepreneur）这个概念描述。在原来的均衡状态相比，企业家是指以新的理念、作风，带来变化的可能性。新的做法萌芽后，可能茁壮扩展，成为体系的一部分。当然，新的做法也可能昙花一现，很快地成为过眼烟云。《世界是平的》（*The World is Flat*）这本书里，作者托马斯·弗里德曼描述：随着因特网的发展，很多"企业家"摸索出新的商业模式，逐渐成为常态。譬如，通过因特网，印度的大学生，担任美国中小学生的数学家教；美国公司的会计业务，由境外人士处理；在台北打电话向麦当劳点餐，接线的服务生是在上海；等等。此外，《罗辑思维》

公众号，短短几年之间，订户已经突破千万。通过微信（WeChat），"每天一分钟"，提供信息，附带推销书籍等相关产品，是 2010 年前后才出现的新生事物。

在 21 世纪初，因特网还在蓬勃发展，无论是人际交往，商业活动，等等，都还有巨大的潜能，等待各种企业家一展身手。连稳重保守的司法体系，也不会置身事外——2015 年 12 月中，河南的法院，已经开始利用微信"群聊"的方式，"开庭"处理某些业务！

（三）法学和变迁

法学论述里，经常有关于社会变迁的词句："社会日新月异，法律应该与时俱进。"然而，如何处理变迁，工具箱里援引哪些概念来分析，却似乎只得到很有限的关注。在这一节里，可以针对两种案例，尝试联结法学和变迁这两者。

因果关系

如果我到夜市里的大排档吃夜宵，喝了两瓶青岛啤酒，站起来略有摇晃，不小心碰了旁边的人一下。他一个趔趄，手中的茶壶落地粉碎。如果他表明，茶壶是出自名家之手，一把值百万人民币，我是否该负起赔偿的责任？

由因果关系上看，我撞他，明确具体，毫无疑问。可是，至少有两点考虑，我无须承担所有的赔偿责任：第一，他把名贵茶壶带到夜市，是把"不寻常的风险"带到人群之中；第二，最小防范成本，他可以把壶放在盒子里，有防护软垫。因此，虽然是我导致茶壶毁损，却未必要承担全部的赔偿责任。也就是，在"肇事责任"这个概念里，"肇事"和"责任"可以切划开来，而未必一定要合而为一。

同样的道理，在"国民车撞豪车"的案例里，我撞了豪车，交警鉴定是我的疏失，这是"肇事"的部分。在"责任"的部分，也可以有类似的考虑。目前主流的法学见解，是根据交通责任鉴定，肇事者要赔偿豪车的损失。如果肇事者确实无法负担（家境不佳等），可以在运行时弹性处理。

然而，根据前面的分析，在国民车（烂车）撞豪车的案例里，"肇事责任"也可以切割成两部分："肇事"部分，是指对交通事故的解读；"责任"部分，是指赔偿善后的认定。随着豪车和超级豪车的出现，"肇事"和"责任"分开处理，更符合情理：一方面，一般汽车驾驶人，只面对和承担有限的风险，而不是豪车这种天外陨石般的风险；另一方面，豪车的拥有者，对于社会正常作息，带来不寻常的风险，当然应该承担某种责任。

抽象来看，由"国民车撞豪车"的案例里，可以体会到社会变迁对法学的影响。当新生事物不断涌现时，法学理论、概念和解释，都必须面对考验。社会的变迁，也可以（或应该）带来法律/法学的变迁。

价值冲突

社会变迁，意味着人们的价值观也会慢慢地变化（回想图 8）。由价值观的变化，也可以衬托出法律的重要意义之一：法律，未必是追求公平正义，而主要是处理价值的冲突。

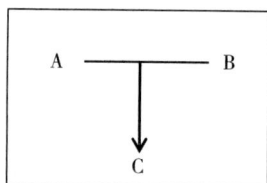

图 9a　亲子关系　　　　图 9b　亲子鉴定

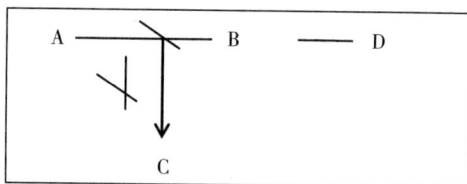

图 9a，呈现了故事的前半部分。缘起，是 A 和 B 相恋成婚，生了小孩 C。图 9b，呈现了故事的后半部分。成婚生子后，两人不合，决定离婚。离婚后，A（男方）对 B 付赡养费，而且，基于亲子关系，A 要对小孩 C 付教育和生活费用等。A 享有探视权，和 C 保持父子（女）关系。

然而，A 慢慢觉得 C 不像是自己的孩子，无论是长相或性情。因此，去做 DNA 鉴定，发现确实不是自己所生。在有些案例里，A 发现，小孩其实是前妻 B 和前男友 D 所生。在更特别的案例里，B 和 D 结婚，再续前缘。既然孩子不是自己所生，A 向法院递交申请，希望终止亲子关系，同时停止继续付养育教育等费用。在华人社会里，在 21 世纪初，我曾在多个场合里，征询数百位法官、检察官的意见，绝大多数（90% 以上）都认为，既然不是 A 所生，理当终止。

然而，至少在美国，面对这种案件，法院的判决前后一致：A 要继续付钱，即使有 DNA 的鉴定结果。美国法院的立场，可以由两个角度解读：第一，以小朋友的最佳利益为利益！面对父亲 A 和孩子 C 的权益冲突，选择后者，宁愿让父亲（大人）受委屈，也不会伤害小朋友。第二，DNA 的技术，界定了"生物上"的亲子关系，相对的，幼时朝夕相处，孕育的是"文化上"的亲子关系。有哪一种理论学说可以表明，前者一定比后者重要？

特别是，即使在华人社会里，支持前者（生物上的亲子）是目前的主流价值，随着社会的进展，物换星移，半个世纪之后，支持后者（文化上的亲子）的比例是否可能明显上升？社会变迁，不只反映在物质条件上，思维理念和价值取向，也会缓慢蜕变。当价值观变化之后，法律也会自然而然地产生滞后反应！而且，更重要的是，亲子鉴定案例所反映的，法律的主要功能，未必是追求公平正义——有谁能论断，支持生物上的亲子关系就是符合公平正义的？相对的，这些案例正巧妙地反映了，法律的主要功能，是在处理价值冲突。在不同的价值之间（文化 / 生物，父亲利益 / 孩子利益，真相 / 其他考虑），社会作出选择，并且承担（好或不好的）结果！

"生物上"的父亲和"文化上"的父亲，是两种不同的价值，真相的价值和子女的福祉，也是两种不同的价值。一旦以子女的最佳利益为参考坐标，后者的价值可能高于前者（DNA 带来的真相）。

（四）捕捉变迁

在观念上，（旧）均衡—（内外在）冲击—变迁—（新）均衡，是一个简单明确的过程。然而，无论是对经济分析或法学而言，要捕捉变迁的过程，并不容易。而且，在变迁的过程中，如何面对具体的问题，更是棘手难缠。就法学问题而言，也许有两点体会，可以作为思索参考的坐标。

首先，"追根究底，立基于事实"。譬如，"天赋人权"的观点，无论中外，都是法学里许多论述的起点。然而，这种观点，只是信念（belief），而非事实（fact）。两点理由足以阐明：第一，"天"，不是行为的主体，没有意志力，更无从"赋予"权利；第二，"天赋人权"的理念和实质内涵，都是由"人"来阐述论证的。因此，实际上，是"人赋人权"，而不是"天赋人权"。"人赋人权"，就是立基于事实。在变迁的过程里，各种价值彼此冲撞，权利经常重组调整，新的权利也衍生不断。这时候，"信念"往往左支右绌，左右不逢源，追根究底，找到问题的源头，让事实作为论述的起点，往往更有说服力。

其次，"捍卫核心，调整边缘"。这个立场可以再以天赋人权为例。几个世纪以来，天赋人权的理念广为人知，而且，哲学和法学界，都已经发展出一些理论，作为法律架构的基础。譬如，根据天赋人权，"基本人权"的理论和建构，就显得自然而然，水到渠成。即使天赋人权的理念有争议，基本人权的做法已经深植人心，成为普适价值。由天赋人权转变为人赋人权，要经历一个过程。立基于人赋人权，基本人权的某些部分可能要随之调整，然而，在这个过程里，基本人权的结构、具体的法律，还是能有效运作。

因此，在变迁的过程里，扎实稳健的核心部分，可以坚守不懈。外围的部分，可以逐渐弃守，让变迁的过程，顺势展开。各种力量竞争较劲，再慢慢调整雕塑出新的核心。变迁的过程，也就像是结晶体溶解—凝结—再结晶的过程。

（五）结论

就经济学的分析架构而言，"变迁"是不可或缺的一个环节。然而，和"均衡"这个环节相比，变迁的特质和规律性却较难掌握。

在社会学和法学里，变迁也是有着重要的地位。但是，学科特性使然，也没有类似"一般理论"（a general theory）似的理论结晶。这一部分里，尝试归纳出几个体会：

科尔曼的架构——"宏观—微观—宏观"（t_0—t_1—t_2）——有助于了解宏观和微观之间的互动。

三段式的流程——"均衡—冲击—均衡"——有助于掌握变迁的基本特质。

企业家，以新的思维做法，带来变化的可能性。

对法学而言，变迁（新生事物）意味着，既有法学概念要重新检验。随着豪车的出现"肇事责任"的概念，可以切划为两部分："肇事"和"责任"。

变迁也意味着，价值结构和体系，可能要重新排序。生物上的亲子关系，可能渐渐让位于文化上的亲子关系。

法律的作用，未必是追求公平正义，而主要是处理价值冲突。

社会变迁过程中，对法学疑难问题的处理，最好是追根究底，诉诸事实，而非信念。

面对社会变迁，处理法学疑难问题，可以采取兼收并蓄的态度：捍卫核心价值，外围概念松绑。

在 21 世纪初，因特网给人际互动、商业活动等，都带来巨大的冲击。社会变迁的脚步，明显而且速度加快。对于法学和经济学而言，探讨变迁将是重要的功课。

建议阅读书目：

Buchanan, James, M., and Tullock, Gordon, *The Calculus of Consent: Logical Foundations of Constitutional Democracy, Ann Arbor*, MI: University of Michigan Press, 1962.

Coase, Ronald H, *The Firm, the Market and the Law*, Chicago, IL: University of Chicago Press, 1990.

Coleman, James S., *Foundations of Social Theory*, Cambridge, MA: Harvard University Press, 1990.

Posner, Richard A., *Economic Analysis of Law*, 5th edition, New York: Aspen Publishers, 1998.

熊秉元：《解释的工具》，东方出版社，2014 年。

熊秉元：《正义的成本》，东方出版社，2014 年。

需求法则

（2017 年）

儿子读小学六年级，对高达（Gundam）很着迷，家里大小模型屈两手两脚都不能尽数。

有一天，大概是他做了什么好事，或是我荷尔蒙大量分泌，就带他到附近的玩具店，由他任选一件喜欢的玩具。小鬼看机不可失，毫不犹豫地选了店里最贵的变形金刚，花了我 5000 块左右。他兴冲冲地抱回家，立刻拆封动手，忙得两眼发亮。然而，天下不如意事者，十常八九。等他组装得差不多时，才发现有两个零件不见，怎么找就是找不着。

我陪着儿子到店里，说明事情的原委，希望退货或补零件。谁知道，平日一向温文平和的老板，竟然翻脸变色。老板不但不认账，而且态度蛮横，说要告就去告好了！我有点意外，就反问他："如果你自己的小孩碰到这种事，你觉得如何？"他青筋暴露，反问我："为什么离店前，不检查零件是否齐全？！"

还好，旁边的老板娘，不知哪里找出个小塑料袋，里面就是那两个零件。真相大白，老板面无表情、粗声粗气地说："对不起啦!"我没有搭腔，正在气头上!

为保住利润却失态

离开后，我心情平复，自以为是地对小犬做机会教育：老板会开玩具店，一定是小时候很迷玩具，平时和善，还会提供奖品，为附近的中小学生办四驱车、战斗陀螺等比赛。为什么突然失态，显然和那盒玩具的价格有关。

卖别的玩具，可以赚个百十来块。可是，最贵的玩具不容易脱手，那盒玩具的利润，至少上千块。为了保住难得的利润，老板不惜变脸。这件事的结论是：最好不要让自己处于类似的情境，为了一点小利益而变得狰狞可笑!

后来想起这件事，当时儿子已经是高三，即将"混进"大学。（总分 18 分都有学校读，真令人高兴?!）和他说话时，最好引述一些学术上的专有名词，让他多识草本鸟兽之名，也让他知道我还算粗通文墨。

具体而言，玩具店老板的反应，虽然略显唐突，但是完全符合经济学第一定理"需求法则"：当价格上升时，需求量会下降!市场里的东西涨价时，买的人少一些；百货公司大减价时，人潮汹涌。

这些都是常识，卑之无甚高论。

　　即使是股市里价量齐扬，也可以婉转解释：对有些人而言，当股价持续上升，虽然是追涨，可是赚钱的机会增加；当赚钱的机会变便宜时，需求量增加自然合情合理。

反映人受诱因影响

　　除此之外，价量的反向关系其实无所不在：如果老师鼓励同学发言，如果老板鼓励员工说出心底的话，自然有较多的人愿意去讲话——因为讲真话的价格下降了。同样的道理，如果父母让子女难以亲近自己（价格高），子女自然容易和父母疏离（需求量减少）！

　　对玩具店老板而言，维持优雅从容的成本上升时，自然容易出言不逊。诺贝尔奖得主科斯（Coase）尝言：经济学发展 200 多年以来，唯一能屹立不摇的，也只不过是需求法则而已！需求法则隐含的价量反向变动，反映了人会受诱因的影响，人的行为有规则性，人是知道好歹的生物。还有，社会现象是人的行为所汇集而成，了解人的行为特质，就容易解读社会现象，这个世界是有意义的！经济学看来吓人难懂，其实卑之无甚高论！

　　事件之后，我再也没有踏进过那家玩具店——见了面，彼此都尴尬。小犬受过肯德基训练，EQ 较高，还时不时在店里出没。见面容易就多见面，见面难就少见面——抽象来看，这也是需求法则！

共享单车将骑向何方？

（2017 年）

　　2010 年前后，共享经济的概念应运而生，而且势如破竹，一发不可收拾。共享汽车、共享雨伞、共享篮球等先后问世；共享男／女朋友的软件，也在 2017 年 7 月底正式面世。

　　在诸多共享产品里，最受人瞩目、和一般社会大众关系最密切的，无疑是共享单车。"解决最后一里路问题"的口号亮丽，引来 20 余家厂商加入竞争，已经投放近两千万辆共享单车。野蛮成长下，多轮巨额融资（烧钱）的戏码几乎不绝如缕。共享单车成为中国特色的市场经济指标，可以说当之无愧。然而，当热闹过后，共享单车的稳定持久状态将是如何？这是涉及百亿元以上资金的大哉问，而以下的分析，是否经得起事实的检验，将很快得到时间的证明。

　　第一，一个暖身的问题：共享单车，是不是太阳底下的新生事物？回答是：不是！许多大城市里的公共自行车，许多景区里出租的自行车，已经行之有年。当然，在规模数量和营运方式上，相去不可以道里计。所涉及的问题、层次和性质也大不相同。

　　既然不是太阳底下的新鲜事物，有没有参考坐标，可以就近取譬，作为比较和分析的起点？有两个明确的事例，可以对照。公共自行车，有借有还，付费使用，和共享单车不分轩轾。然而，有两点微妙的差别，值得指明：一方面，公共自行车有固定的停放地点，和共享单车随处可停不同，而且，在维修管理和市容观瞻上，利弊高于后者；另一方面，公共自行车，使用者知道这是公共服务的性质，"营利"的成分不大。然而，共享单车，名为共享，却是不折不扣的"营利"行为。在使用者的心理上，这是两种明确的对比（非营利和营利），连带会影响到使用时对单车的爱惜程度！

　　第二个参考坐标，是共享民宅爱彼迎（Airbnb）——屋主家里多出卧房，让背包客短期租用，双方互蒙其利。资源共享，付费使用，和共享单车性质一致。然而，也有两点差别，值得凸显：一方面，共享民宅的入住和退房，原则上都有房主查核，因此，卧室的使用情况和责任归属，清清楚楚。然而，共享单车的借还，只有计时和计费；单车本身的情况，上一手和下一手间的责任归属，存在着很大的空白。另一方面，共享民宅是对现有闲置资源的利用，并不是房产的增加。然而，共享单车则是活生生的，在现有运输工具之外，增添了大量新的实体。凭空出现的近两千万辆单车，在物理上改变了现有城市、街道和交通的面貌。

　　共享单车横空出世之后，讨论的文章多矣！从经济学的角度，如果要提纲挈领，如何掌握共享单车营运的关键所在呢？有不少人宣称，二维码时代的网络科技，基本上改写了经济学的理论。然而，未来不可知，至少在共享单车上，两个经济学概念足以精确反映问题的核心！

关于经济活动，"经济学原理"的经典案例是：生产者造窑烧砖，消费者购买砖块；可是，烧砖带来的灰烟煤屑，影响砖厂附近的居民，却没有人买单。市场交易，不会处理生产砖块带来的额外问题（外部性），这是不折不扣的"市场失灵"（market failure）。同样的，共享单车提供服务，取得押金，是如假包换的营利行为。然而，至少到目前为止，单车随处停放，影响市容带来的额外效果，没有人买单。共享单车成为"市场失灵"的经典个案，殆无疑义。

第三，在市场活动正常运作的环境里，只要是营利活动，必然要受到公部门的监管。然而，在共享单车大量投放各城市的漫长时间里，却几乎没有任何城市采取管制措施（对数量、维修、停放等问题的要求……）。这是很令人惊讶的，是标准的"政府失灵"（government failure）。原因也很简单，因为没有明确的利益受损群体——相形之下，滴滴／优步一出现，出租车的利益受影响，立刻透过群体和产业组织，向政府监管部门反映，陈情施压！共享单车似乎只有受益者，潜在的受害者是广大的人民群众，如一盘散沙，不容易形成利益群体发声施压。

因此，共享单车爆发式的成长，看起来令人目眩神摇，其实每一个环节都可以由经济分析来解释。"市场失灵"和"政府失灵"这两个基本经济学概念，足以掌握共享单车的关键所在！目前，共享单车涉及的资源愈来愈可观，参与者投入的赌注以十／百亿计。虽然历史容不下"如果"，可是"如果"重新来过，共享单车有没有比较好的发展轨迹呢？

当第一家共享单车开始大量投放时，如果相关部门能辨认出，这种营利行为所隐含的"市场失灵"——随处置放、数量大而带来的冲击、影响市容等，当然值得立刻启动机制，把这种营利行为纳入管制之下。在投放初期，供需的情况并不明朗，因此并不适合立刻公布营业规范。

比较稳健的做法，是"借着适当的程序，处理实质问题"：成立一个委员会，由从业者、政府部门、学者专家组成。从业者由少量投放开始，逐步解决停放、维修、管理等问题。而且，定期向委员会报告，共同研拟对策。先小做而后再扩大规模，以一两年的时间，慢慢"接生"共享单车。等相关讯息充沛之后，政府再确定和公布具体的规定。这种做法，可以避免野蛮生长式的投放，也可以避免漫长烧钱过程所隐含的诸多问题。

共享单车的投放（烧钱）大戏，什么时候才会触及转折点，没有人的手里有水晶球。然而，共享单车和其他共享经济的戏目，并没有挣脱经济活动的基本规律。至于在"市场失灵"和"政府失灵"这两个概念之外，是否需要其他的分析性概念，大概也只能等到明天太阳再升起了！

钱颖一

清华大学经济管理学院经济系教授，清华大学文科资深教授。

生于北京，祖籍浙江。清华大学 1977 级数学专业本科毕业。毕业后留学美国，先后获哥伦比亚大学统计学硕士学位、耶鲁大学运筹学／管理科学硕士学位、哈佛大学经济学博士学位。之后任教于斯坦福大学、马里兰大学、伯克利加州大学。2006—2018 年任清华大学经济管理学院院长。

学术荣誉包括：2012 年当选为世界计量经济学会（The Econometric Society）会士（Fellow），2018 年当选为清华大学首批文科资深教授；获得 2009 年度孙冶方经济科学奖，获得 2016 年度首届中国经济学奖。研究领域包括：比较经济学、制度经济学、转轨经济学、中国经济、中国教育。担任《经济学报》《清华管理评论》《教育》主编，《经济研究》编委会委员。

中文书著包括：《现代经济学与中国经济改革》（第二版）（中信出版社）、《现代经济学与中国经济》（中信出版社）、《大学的改革》（第一卷、第二卷）（中信出版社）、《老清华的社会科学》（与李强共同主编）（清华大学出版社）、《走出误区：经济学家论说硅谷模式》（与肖梦共同主编）（中国经济出版社）、《转轨经济中的公司治理结构》（与青木昌彦共同主编）（中国经济出版社）。

论文发表在《美国经济评论》（*The American Economic Review*）、《政治经济学期刊》（*Journal of Political Economy*）、《经济学季刊》（*The Quarterly Journal of Economics*）、《经济研究评论》（*The Review of Economic Studies*）、《经济研究》等国际国内学术期刊。

理解经济学原理

（2016 年）

一、为什么经济学原理重要？

2002 年，我受聘为清华大学经济管理学院特聘教授。当时不只我一个人，而是一共有 15 位在海外大学任教的经济学教授受聘为特聘教授，每人在清华经管学院开设一门课程。绝大部分特聘教授开的是博士生课程，而我自告奋勇开设本科一年级两个学期的经济学原理。2002 年 9 月我在清华第一次上这门课时的情景，至今历历在目。那是在清华大学的主楼后厅，大概有 500 个座位。也许是因为第一次开设这样的课，所以吸引了很多学生，除了清华经管学院 2002 级和 2001 级本科生外，也有清华其他院系和清华外的同学来听课。在过去的十几年间，我一直坚持在清华经管学院开设这门课，是同另外一位教师一起开设。在 2004—2005 学年和 2005—2006 学年，我还同时在北京大学经济学院开设了这门课。现在北京大学经济学院也一直在开这门课。

在我开设这门课之前，两个学期的经济学原理在中国的大学中是不存在的，或者只是一个学期的经济学基础。中国学生更重视中级微观经济学和中级宏观经济学，因为通常认为中国学生的数学基础比较好，可以直接学习中级经济学，而经济学原理不用数学，太浅，不需要教。

2002 年秋季在清华开这门课的时候，我坚持一定要用两个学期。现在回过头来想，这是做对了的一件事。尽管我本人在清华本科念的是数学专业，数学对于我学习经济学很有帮助，但是我强烈地感觉到，即使在今天，在国内大学生和研究生的经济学整体水平提高得很快的情况下，经济学原理仍是不可或缺的一门课。这门课看上去简单，没有用任何数学，但它是经济学中最重要的基础，因为它传授基本概念、分析思路，特别是培养学生的经济学直觉。关于这一点，我在海外这么多年的学习和教学中深有体会。中国学生在经济学领域里的数学功底整体水平不比外国学生差，但在对经济学基本问题的理解、对原理的掌握，特别是经济学直觉上，还是有相当的距离。

这个问题在多年前已经有所认识。在我受聘为清华经管学院特聘教授的那天，2002 年 4 月 28 日，我们组织了一次研讨会。吴敬琏老师在那次研讨会上对中国的经济学学科建设提出了三条建议，其中第一条建议就是要重视基础训练，不要片面追求前沿。我觉得这话到今天仍然是对的。什么是基础？在我看来这个基础就是经济学原理。经济学原理的教科书中没有数学公式，只是一些图表，但恰恰是这些内容，不仅仅在普及经济学时，即使在思考艰深的问题时，也仍然非常重要。在当前经济学研究分析严谨、严密、数学化程度比较高的时候，我们更要注重其中的基本思想。我并不是反对使用数学，实际上在做研究时，数学是非常重要的工具。但是相比较而言，经济学原理更容易被忽视。

所谓"理解经济学原理"，就是理解经济学中最简单、最根本的思想。我认为经济学原理也是经济学者之间最大的共识。经济学者之间有很多争论，观点也不一致。特别是经过媒体的放大和扭曲，就给读者很大的误解，以为经济学者之间的分歧是水火不相容的。其实这不对。经济学者之间有很多共识，而这些共识的基础就是一些经济学的基本原理。我今天想传递一个信息，就是很多经济学基本原理是经济学者的共识；有时候我们过度地注意了分歧，却忘了其中的共识。

（一）经济学思想是简单的

这个简单怎么理解？它有双向含义：一个方向的含义是说复杂的现象可以用简单的逻辑来说明。中国有句古话叫作"大道至简"，就是这个意思。学过物理学的人都知道，爱因斯坦是"大道至简"的突出代表，他一直认为，假如你不能用简单的公式来描述世界，你就一定没有抓住本质，他说的世界是物理世界。物理世界非常复杂，但最后一定要用非常简单的公式来说明。这适用于所有科学，包括社会科学，不然就不叫科学。

另一个方向的含义是，简单的逻辑能够说明很多不同的现象。简单的道理能够说明很多不同的现象，这才叫好的理论。如果第一个方向是说简单才能深刻，那么第二个方向就是说简单才具有一般性。英文说"A little knowledge goes a long way"，就是说一点点知识，能走得很远很远。非科学家会认为简单是缺点，但是科学家都知道，简单是优点。为什么不少人说经济学比其他社会科学发展得更成熟、更精致？无非是说经济学用的假设更少，推理更简单，但推导出的结论更丰富。

当我们做数学、物理、化学分析的时候，我们的思维方式是西方的思维方式，因为我们的数学、物理、化学知识都是从西方学来的。但是我们在讨论社会问题的时候，我们的思维方式受中国传统文化影响就较大，比如，我们容易追求全面，我们也很崇尚折中。这在操作问题、工程问题上是对的，因为这类问题必须要考虑全面，不能走极端，一定要想办法找到一个折中方案。但是在挖掘科学道理上，你要想挖得深，往往就不能全面。当外国学者听完你的发言，给你的评论是你讲得很全面，这通常意味着你的发言没有什么新意，或者说你讲得不够深刻。

我们还有一种思维方式，就是喜欢用批评假定不符合现实来否定结论。批评假定不符合现实很容易，但是所有科学都要有假定。假定都不等于现实，这是千真万确的。仅仅说假定不符合现实就否定分析，是不对的。我喜欢举一个极端的例子，就是弗里德曼（Milton Friedman）的方法论。他说，在自然科学中假定是否符合现实不重要，重要的是推论的结果必须与现实相符合。假定树叶像人一样能使收益最大化，比如，树叶长的形状就是使光合作用最大化。这个假定显然是不符合现实的，树叶又不是人，怎么能做到收益最大化？但是在这个假定下，我能够推断出在不同环境中树叶的形状，在干燥的环境中、在日光少的环境中等，这些推断与在现实中观察到的现象是一致的。所以他说，假定是否符合现实不重要。

当然，多数经济学家包括我在内并不认为这个方法论完全适用于经济学，原因是经济学与自然科学有很大的不同，就是我们很难做可控实验。自然科学可以通过可控实验来检验理论，以至于假定是否符合现实并不那么重要。经济学研究的社会问题中有些能做实验，但很少。当你没有办法做可控实验时，当一个假定更贴近现实时，你会更相信由它推导出来的结论。但是，仅仅批评假定不符合现实就否定结论是不够的，还需要进一步分析。

举一个例子来说明简单的理论是好理论。经济增长是我们都关心的问题，经济增长与太多的因素相关，有经济因素、政治因素、历史因素、文化因素、地理因素、资源因素等等。但是在过去几十年中对我们理解经济增长最有帮助的理论是什么呢？是索洛（Robert Solow）增长模型。用非常简单的三个变量来说明：资本的增加、劳动力的增加、创新和技术进步。恰恰是这样一个简单的模型，能够用来分析一百多个国家，上百年的经济发展历史，并且从中对未来经济增长作出有用的预测。

非常复杂的现象要用非常简单的道理来解释，它的好处就是可以抓住本质性的东西。比如说文化很重要。如果体现在中国人热衷储蓄，这可以体现在资本积累；如果体现在中国人重视教育，也可以体现在劳动力的质量；如果体现在改革开放，也可以体现在新的生产方式，即创新。正因为它简单，它就具有一般性，不仅可以解释美国的经济增长，也可以解释日本的经济增长；不仅可以解释新加坡的经济增长，也可以解释中国的经济增长，甚至还可以预测印度的经济增长。然而如果把所有的历史细节、文化细节都放在里面，看上去很全面，实际上对理解经济增长没有太大帮助。

（二）经济学原理是根本的

追求最根本的原因很重要。经济学原理就是追根溯源，寻找根本。马斯克（Elon Musk）是当代非常富有创造力的企业家，同时涉足航天、电动汽车、新能源等多个领域，有全球影响力。他只念过本科，在宾州大学，读了两个本科专业，一个是商业管理，一个是物理学。2015 年我有机会同他在清华经管学院对话。我特别想知道，他的思维方式是怎么形成的。他跟我说，物理学对他影响非常大，但不是任何一个物理学公式，而是他所称为的"物理学第一原理"，就是去追究最原始的假设和根本的道理。我也问他哪门经济学课程最重要，他回答说最重要的是经济学原理，原理课重要的原因就是追溯本源。他说，人类有一个比较懒惰的思维方法，就是用类比方式去思考。类比也可以创新，但是那个创新通常是边际性的，真正要有革命性的创新必须要追溯本源。这就是他说的物理学第一原理非常重要的原因。

我们经常被问道：你是什么观点？但观点都是结论。大众关注结论，而学者则更关注得出结论的分析过程。我们也经常被问道：你是哪个学派的？就我所了解的经济学界，除了专门研究经济思想史的学者以外，几乎听不到这个问题。为什么？因为它太容易以贴标签的形式结束对话，因为你不再需要追究道理。在今天，即使不同"学派"的经济学者，他们共同认同的基本原理也是很多的。

每到大学的毕业季，有很多名人到毕业典礼上演讲。我觉得上一任美联储主席、经济学家伯南克于 2003 年在普林斯顿大学本科毕业典礼上的演讲非常有意思。他把社会科学各个领域都历数一遍，讲到经济学的时候，他显得很谦虚。他说，经济学并没有太大的预测未来的能力，只是对过去犯过的错误有很好的解释。但是他说，经济学有一个优势，就是认真仔细的经济学分析可以帮助抵御错误观点和政策建议，它们或者是逻辑上完全不通，或者是与经验数据完全不一致。听上去这是一个非常小的优势，但是不要小看它，因为他后面还有这么一句话：在现实中，至少 90% 的政策建议都是上面两种情况之一。

在我看来，抵御错误观点和政策建议的最重要出发点就是要把经济学原理理解对。这就是为什么经济学家可以抵御很多错误的观点和政策建议，而非经济学家很难做到。这里的区别很简单，就是要理解经济学原理。

二、什么是经济学原理？

经济学在中国成为显学有两个基本原因：第一个原因是以经济建设为中心的基本国策，并将经济学运用于中国的环境，使得中国经济持续发展。第二个原因是经济学的思维方法和分析方法非常强大。因为它的主题是经济，是社会，是人，但同时又有科学的冷静。一旦这个方法被抽象出来，便可以用来分析经济问题之外的其他问题，那么它的力量就超出了经济问题本身。

在讲什么是经济学原理的时候，我想讲三个内容：两个出发点，一个落脚点，以及三个相关的基本原理。

（一）两个出发点

出发点就是假定。经济学的基本假定非常简单，通常有两个假定。第一个假定是资源的稀缺性（scarcity），对这个假定没有任何争议。但是对资源稀缺性的理解，其实很丰富。资源稀缺才会有价格，价格才为正；资源不稀缺，价格等于零。所以价格就是衡量稀缺性的。而正因为资源是稀缺的，我们就可以推出边际收益递减。

如果所有资源都可以等比增加，就不存在边际收益递减。当有某一个资源不能等比增加时，就会出现边际收益递减。我们容易想到的是看得见的资源，比如土地、水，但是经济学原理第一堂课都会提到重要的稀缺资源是时间。还有很重要的、不可复制或很难复制的资源是企业家精神，这也是非常稀缺的。一些成功不能复制，也是因为中间含有稀缺的资源。

第二个假定是个人理性（rationality）。这个假定不是指群体理性，因为即使个人都是理性的，群体也未必是理性的。个人理性，在经济学家中基本没有争议，但是在经济学家之外就很有争议。这里有两类原因。一类原因是对经济学家关于个人理性的定义在理解上有偏差。我们说个人理性，并不是说个人永远做正确的决定，个人永远能够神奇地预测，不犯错误。我们只是说一个人做决策的时候有一致性：在权衡利弊的时候，在所掌握的信息范围内，在所控制的资源范围内，他试图使他的利益最大化。在很大程度上，人们说经济学家的个人理性假定不对，是因为理解的偏差。

当然还有第二类原因，就是个人并不是在任何时候，任何情况下都是"理性"地去做选择。经济学家完全知道这种情况。事实上，经济学和心理学的交叉分支行为经济学和行为金融学，就是根据心理学家的发现，来研究一些系统性偏离经济学家理性假定的经济或金融行为。丹尼尔·卡尼曼（Daniel Kahneman）为此获得了诺贝尔经济学奖。人们的非理性行为并不是胡乱做决策，也有一定规律。

经济学以这两个假定为出发点：一个是资源稀缺性；一个是个

人理性，进而研究社会对稀缺资源的管理。其中一类问题是人们如何做决策；另一类问题是人们的决策如何相互作用。这样非常简单的假定的最大好处是，当你增加一个其他假定时，马上就能看出你的结论是取决于这个假定的。假定越少，结论就更具一般性，也更牢固。

（二）一个落脚点

经济学最重要的价值判断标准是效率（efficiency）。这里说的效率，简单地说就是没有浪费，或者说把饼做大。效率不是人类的唯一价值。比如跟它对应的一个价值叫作公平或公正，就是饼如何分配。这两个价值都很重要。但是我下面想讲的是我们对效率的重要性的理解往往是非常不够的。

为什么效率重要？有三个原因。首先，公平问题通常显而易见，但效率问题通常不显而易见，因此很容易被忽视。我们讲《经济学原理》的时候举小偷偷窃的例子。所有人都认为偷窃不好。为什么不好？因为偷窃是不劳而获，是不道德的。偷窃也不公平，因为财富无缘无故地从一个人手里转移到了另一个人手里。经济学家怎么看待这个问题？经济学家认为除了道德问题和公平问题，还有效率问题。一般人看这个问题，无非是原来我有 2，你有 3，现在变成了你有 5，我只有 0。经济学家推理说，需要再往下想一步。因为我知道你要来偷窃，所以我就要买锁，就要雇保镖，这些都占了资源，饼就在无形中变小了。这就是效率问题。

同样，腐败是件坏事情，我们看到的是财产转移，从公有财产变成了个人资产。但是不容易看到的是经济学家所谓的"寻租"现象。如果不反腐，就会有人受贿。但是，一般人们不会自动给你钱，所以你就必须把门槛设高，必须制定出很多规章制度，这个时候才有人来贿赂你，为的是通过这些门槛，这就叫"寻租"。结果无形中增加了企业的成本，这是效率的损失，一般人看不到这一层。腐败如果只是指财富的转移，如果饼的大小没有变，那只是有关公平和道德的问题。但是如果由此引出"寻租"现象，带来的成本就大了。如果设立了很高的门槛，本来一个很好的项目，但这个项目不能上，造成的损失就会很大。所以，反腐不仅是关乎公平正义的道德问题，同时也是个效率问题。从中我们看到，公平问题通常比较显而易见，但效率问题则不显而易见，这就是为什么效率这个落脚点会给经济学家的分析带来一般人看不到的结果。

效率问题重要的第二个原因是效率问题和公平问题是有联系的。公平问题通常是零和游戏，但是效率问题不是零和游戏，而是正和游戏。从效率角度分析，很多改革就能推动，因为效率提高了，饼做大了，赢者就可能补偿输者，虽然并不是总能做到。如果仅仅看作是一个公平问题，改革就没有共赢的解，因为你多了，别人就少了。我们有句话，叫作发展中解决问题，是很有道理的。这就是经济学家的思路，在提高效率时，中间就多出一块，这一块再去分，就有共赢的解。

为什么经济学家会有这种思路，而别人没有呢？因为经济问题、商业问题，与政治问题、外交问题、军事问题的一个非常不同之处就是，后者往往是零和游戏，甚至是负和游戏，而经济问题、商业问题往往都是正和游戏，因为效率是可以提高的，所以大家是可以共赢的。经济学落脚于效率的思维模式强调基于效率提高共赢的可能。当然并不是说在任何情况下都一定会实现，但是如果你想办法，是有可能实现的。

共赢一定是效率的提高，但是反过来未必，就是说，效率提高未必一定共赢。即便是这样，也已经扩大了社会改革的巨大空间。而这个思路只有以效率为落脚点才有可能。

效率为什么重要的第三个原因就是在所有社会科学中，经济学重视效率，也只有经济学重视效率。如果我们经济学家再不谈效率，社会上就很少有人考虑效率了。正是这种稀缺性，是经济学家讨论效率问题的价值所在。这也就是为什么当经济学的视角和原理应用于其他社会科学时，比如研究犯罪、家庭等，分析可能被批评过于简单了，但不可否认的是，这个逻辑确实是其他学科的思维没有考虑到的。其他社会科学学者不考虑这个问题是因为学科的侧重点不一样。而经济学家的侧重点是效率，这在其他学科中往往是不存在的，因此是稀缺的。所以，经济学的分析力量是很有价值的，稀缺性导致价值。

（三）三个经济学原理

经济学原理有很多，这里主要讲三个原理，它们既是基本的，也有一定的针对性，就是与理解中国经济的过去与未来直接相关。

第一个经济学原理：人们对激励作出反应。它的内容极其丰富，激励，用俗话说就是积极性。当然这只是一部分激励，是我们讲的正激励。还有负激励，就是惩罚，这是人们试图避免的。

人对激励作出反应至少有三种渠道。第一，人们对价格作出反应：价格上升，愿意多卖东西；价格下降，愿意多买东西。这就是通常的供给曲线随价格上升而上升，通常的需求曲线随价格上升而下降。基于对价格的激励反应，就有了供给曲线的分析框架。第二，人们对竞争作出反应。著名经济学家希克斯（John Hicks）说过，垄断的最大好处是安逸的生活。而竞争给人压力，在有竞争和没有竞争的环境中，一个人或企业做的事情是不一样的，这就是竞争带来的激励。市场经济的一大好处就是竞争。竞争改变人的激励，没有竞争，人就没有激励做事情。第三，除了价格因素、竞争因素之外，人们对产权、契约、制度规则作出反应。这就是制度经济学经常强调的非价格因素，这在中国的经济改革中非常凸显。

经济学研究人的激励问题，就显示了经济学与其他学科，比如工程，很不一样的地方。在清华经管学院，我们也对工科、理科以及其他文科学生开设经济学第二学位。比如，来自环境学院的学生，在学经济学之前，他首先想的是节能减排等工程技术问题。学了经济学之后，他知道环境保护还有人的激励问题，包括价格、产权等。这就是非常不一样的思路。

我在经济学原理的第一堂课上总喜欢讲一个笑话。有一次我遇到一位毕业多年的校友，她对我讲的经济学原理课的许多内容都不记得了，但印象深刻的就是我讲的这个笑话。笑话是这样的：目标是要去南非抓一头大象。找了三个人，一个是学数学的，一个是学计算机工程的，一个是学经济学的。学数学的人做的第一件事是要证明南非至少存在一头大象。当然，如果南非没有大象，为什么要去抓呢？这就是数学的严谨性。学计算机工程的人非常实在，立马就去了南非。他编制了一个非常好的程序，从好望角开始，往北走50米停下来，画一个半径为50米的半圆，抓住这里面所有四条腿的动物，与他电脑里的大象图做比较，误差在一定范围之内就把它叫作大象。没有的话继续前行。这就是工程的实干性。轮到经济学家了，他用什么办法去抓大象呢？经济学家说，我既不去证明存在大象，也不去南非，因为我相信，只要我把价格定得足够高，大象自己就来了。我觉得这位学生能够记住这个笑话也不错，因为她至少明白了"人们对激励作出反应"这个经济学的基本原理。当然，这里不是讲人，是讲大象，所以才是一个笑话。比如，当你想到环保问题的时候，除了技术问题之外，你也要想一想价格在里面起什么作用，这是很重要的思路。

举几个人们对激励作出反应的稍微复杂点的例子。汽车安全带能减少交通事故吗？你的第一反应可能是汽车安全带当然减少伤亡。

但是未必。因为驾驶员系了安全带，会觉得很安全，所以就有激励开车时更随意一点，事故反而可能增加。但这种行为对伤亡的影响比较复杂，因为对系安全带的人来说伤亡会减少，但是如果出事故的概率增加了，车里没有系安全带的人和路上行人的伤亡可能就会增加。真有经济学家做过这方面的研究，最后发现，事故并没有减少，车里的人（如果都系安全带的话）伤亡减少了，但路上行人的伤亡增加了。类似的，人们也发现越是制造坚固的汽车，越是容易在十字路口闯红灯。这也是人们对激励作出反应。这个道理与2008年的金融危机有关。金融危机产生的原因之一恰恰是金融创新中增加了很多保险工具。这看上去很好，增加了保险工具，就应该降低了金融风险。但是就同汽车安全带是一个道理，这反而使人们更加冒险了，因为他们觉得反正买了保险。这几个例子稍微绕了一个弯，实际中经济学的分析可以绕很多个弯。但道理都是一样的，那就是人们会对激励作出反应。高考同样如此，如果高考改革从考多门课改为只考两门课，那你就会发现学生把所有精力都放在这两门课上，而对其他课都不在意了。这也是人们对激励作出反应。

第二个经济学原理：市场通常是配置资源的有效方式。现在我们都说市场要在资源配置中起决定性作用，但是在相当长的时间内人们可不是这样认为的。最早把这个道理说清楚的是哈耶克（1899—1992年），哈耶克对20世纪来说可能是最重要的经济学家，因为计划与市场是20世纪的争论主题。

在计划与市场的争论中，想从理论上证明市场比计划更有效率，是一件非常难的事。市场能做的事情，计划为什么不能做，而且还能做得更好？有计划按比例，听上去是非常有道理的。而市场中每一个人根据自己的利益做决策，怎么就会更有效率呢？事实上，越是有知识的人，越是相信科学的人，就越有一种潜在的意识去相信计划经济。在 20 世纪上半叶，很多知识分子，包括西方市场经济中的和计划经济中的，都或多或少地相信计划经济。

　　怎么能说明市场会比计划更有效率呢？在西方，这个问题在 20 世纪 30 年代有过非常激烈的学术争论，其中一方就是奥地利人哈耶克。1945 年他在《美国经济评论》上发表一篇文章，这篇文章在 2011 年被选为《美国经济评论》第一个一百年中发表的所有文章中最有影响的 20 篇论文之一。这篇文章的题目叫作"知识在社会中的利用"（"The Use of Knowledge in Society"）。这篇文章讨论的问题是一个经济中什么样的资源配置方式最有效率。哈耶克的洞见是这取决于分散知识、分散信息的有效率的使用，而不是专家信息、专家知识的使用。这是他的重要贡献。当我们想到知识的时候，当我们想到信息的时候，往往都是专家的专门知识或信息。如果从这个角度入手，那就永远证明不出市场经济会更有效率，而只能证明计划经济更有效率。但是哈耶克的洞见在于，在经济活动之中，分散的知识和分散的信息通过人的分散决策、自由选择，并且通过一个公共信号，就可以达到资源的有效配置。这个公共信号就是价格。没有价格信号的话，每个人只按照自己的利益去做决策，无法达到有效率的资源配置。在市场经济中，每一个企业，每一个个人，根据本时本地的信息——这个信息是分散的，决策也会是分散的——以及观察市场价格来做决策。市场通过价格的调节，就可以达到有效率的资源配置。

这个思路，对于越有知识的人，越想用科学方法改变社会的人而言，越不容易理解，因为他们会容易进入社会工程（social engineering）的思路。社会工程的动机是好的，但是如果忽视了分散知识和分散信息的有效使用，就容易陷入计划经济思路。市场通常是资源配置的有效方式，其根本原因是市场对分散知识、分散信息的使用是有效率的。

第三个经济学原理：创新是推动经济持续增长的最终力量。这就要提到第二个奥地利人熊彼特（1883—1950年）。与哈耶克不同，熊彼特研究的是经济长周期和经济史。所以在他那里不是供给与需求在当今的平衡，甚至都不是现有资源的有效利用。熊彼特关心的是创新，是创造性破坏，是企业家精神。熊彼特可能是21世纪最重要的经济学家，因为创新是21世纪世界各国的向往。

创新的含义有很多。狭义的有我们通常理解的科技创新、技术创新。广义的包括改变产品，改变生产方式、生产组织，就是改变生产函数。再广义的包括制度、规则的改变等。创新体现在经济增长模型中，就是在相同投入品（即资本、资源、劳动力等）的情况下，还能带来产出的提高。这个多出来的部分，经济学家称之为全要素生产率（Total Factor Productivity，简称TFP）。这个效率的提高是动态的效率，不是静态的效率。静态的效率是在给定生产函数和技术的情况下，把现有的资源利用到极致。而在长期，生产函数可以改变，生产方式可以改变，产品可以改变，制度规则也可以改变。从长期来看，熊彼特说的创新是推动经济持续增长的最终的、唯一的力量。

这三个经济学原理：一是人们对激励作出反应；二是市场通常是资源配置的有效方式；三是创新是经济持续增长的最终力量，我想在经济学者中没有太大争议。

总结一下这部分，我把经济学原理的核心概括为两个出发点，这里的关键词是"稀缺""理性"；一个落脚点，这里的关键词是"效率"；以及三个基本原理，这里的关键词是"激励""市场""创新"。这六个关键词就是我所理解的经济学原理中的核心部分。

三、用经济学原理分析中国经济的过去

我这里说的"过去"是指改革开放以来的 30 多年。在 20 世纪 70 年代末，中国经济的起点非常低，是封闭的计划经济，经济结构严重扭曲。30 多年来，中国从低收入国家迈入中等收入国家，取得了了不起的成就。有类似变化的经济体在中国之前也有，比如东亚的若干经济体。但是，由于中国是人口大国，所以中国的变化对整个世界的影响是之前这些经济体完全不可比的。

1981 年我离开清华大学出国，1981 年中国的 GDP 是美国的 6%。

2015 年，也就是 34 年之后，中国的 GDP 已经是美国的 60%。与世界第一大经济体美国相比，从 6% 到 60%，对世界经济来说是一个巨大的变化。虽然中国经济总量现在占全球 13%，但是在全球的经济增长部分中中国占到 30% 左右，这更说明中国的增长问题现在是全球的增长问题。

中国改革开放后的经济发展成就举世瞩目。是什么原因导致的？经济学家有很多种说法，都有一定道理。但是我提出的问题是：究竟哪些因素是改革开放前后最大的不同？在我看来，从经济学原理看，有两类原因：一类叫作"开放"；一类叫作"放开"。

（一）开放

中国是世界上最早拥抱全球化的发展中国家。在 20 世纪八九十年代，我们就非常积极地推动国际化、全球化，表现在要积极"入关""入世"上。那时候是发达国家积极推动全球化，而发展中国家普遍比较抵制全球化，而中国是唯一的例外，原因是之前中国深受封闭之害。

开放的含义非常之广，绝对不是简单的贸易。资本的流动、技术的流动、想法的流动，都是开放的结果。第一，开放改变了激励。中国大陆开放后首先发现的是周边的日本和亚洲四小龙，与我们有类似的文化，类似的历史，但发展得这么快。这样的潜在竞争压力，改变了所有人的激励。第二，开放改变了市场的边界。初期的来料加工，后来的加入世贸组织，都扩大了市场的边界。第三，开放改变了生产方式。这点特别重要，因为我们有两个特点，是其他发展中国家不完全具备的。一是我们的赚钱动机特别强，二是我们的学习能力特别强。什么东西别让我们看见，一旦看见，我们一定能做得比别人都要快，还要便宜，还要好。所以，我们从开放中受益的程度最大，也就不奇怪了。激励的作用、市场边界的扩大以及生产方式的改变，都是开放带来的。我们还谈不到直接的创新，先把别人的创新拿过来用，同样有巨大作用。我前面说的三条经济学原理，在开放里面都体现了出来。

（二）放开：把激励搞对

放开是指国内改革，有两个基本要素，对应我前面讲的两个经济学原理：第一是把激励搞对；第二是让市场起作用。这也是与改革前相比的最大不同。当然改革前后也有很多相同的部分，但是我更关心区别。

把激励搞对，最典型的例子就是农村改革。从经济学角度看，这是一个最清晰、最简单的社会实验。在几年的时间内，同样的土地，同样的人，粮食产量大增。这里面有两个激励：一个是价格激励。大家可能不一定知道，当时国家把农产品价格提高了，现在容易忽视这个原因，但是不要忽视价格激励；第二是制度激励，就是家庭联产承包制，即"交够国家的，留足集体的，剩下的都是自己的"，这就是经济学家所说的作为"剩余索取者"带来的激励。另一个激励的例子是区域间竞争带来的激励。虽然有争议，但是仍然有不少经济学家认为这是中国非常重要的特色。这在小国是不可能发生的，因为小国只有国际竞争。只有在大国里面才有众多地区，才会有地区之间的竞争。在中国，区域间竞争突出体现在地方政府之间的竞争，这种竞争就产生了发展地区经济的激励。

但是，并不是说改革中所有的激励都搞对了，或者一次就搞对了。比如，农村家庭联产承包制成功之后，曾经出现过把承包制引入城里，引入国有企业的现象。后来发现企业承包不像农村家庭承包那么简单，出现了"包盈不包亏"的现象，带来了企业管理者行为的扭曲。这时候就提出了产权、股权激励、公司治理等问题，直到今天也都没有完全解决。同样，地区间竞争也带来地方保护主义等扭曲。所以，把激励搞对不是一件容易的事。

（三）放开：让市场起作用

记得我上大学的时候，讨论短缺的原因，答案是生产太少了。学习了经济学原理之后，我们就知道短缺的第一原因是价格控制。当你放开价格之后，短缺就消失了。反过来，当价格被限制上涨的时候，就一定会出现短缺。比如，当你看到医院排长队的时候，你就知道这里面的价格是有问题的。我们现在对一些农产品有补贴，而这种补贴就造成了扭曲，带来了效率的损失。所以让市场起作用，我们既要看到市场起作用时带来的好处，同时也要看到市场扭曲时会带来的一系列问题。

市场分为产品市场、劳动力市场和资本市场。总的来说，我国的产品市场和劳动力市场的放开先于资本市场。在资本市场，过去几年的重大进展是利率市场化，它消除了一个重大的价格扭曲。但是，资本市场的放开不仅是利率的市场化，还取决于一系列监管制度。在这方面，发挥市场在资本配置方面的作用还有很长的路要走。

总结一下这一部分：回顾中国过去 30 多年的增长，经济学家看到有三个因素是改革前后最大的不同——开放，把激励搞对，让市场起作用。由此我们看到，可以用简单的经济学原理来解释非常复杂的经济现象，在这里就是中国的经济发展。当然，这还不能解释全部细节，但是确实能够解释相当多的部分，特别是核心部分。

四、用经济学原理思考中国经济的未来

（一）经济增速新常态

中国经济进入新常态，最明显的标志是增速下降，2015 年降到了 7% 以下。关于中国潜在经济增长率的争论有很多细节，经济学者观点不一致，中间相差一个百分点，两个百分点，甚至三个百分点。在这里，我不对这中间的差别做解释，而是想说，基于经济学

原理，大家有不少共识。

这个共识就是资源的稀缺性与报酬递减的一般规律。由此推出，一个国家的潜在经济增长率与该国的人均 GDP 水平呈负相关关系。所有的国家都一样，没有例外。正是因为穷国的潜在经济增长率高于富国，所以就会出现追赶效应。如果我们把人均 GDP 的水平分为低收入、低中等收入、中等收入、高中等收入、高收入，就可以大致对应潜在增长率为高增长、中高增长、中增长、低中增长、低增长。当然这是潜在的经济增长率，并不意味着一定可以实现，实现是需要条件的，比如改革开放就是重要条件，和平环境也是重要条件，等等。

不过，从这里我们马上就可以推导出，拿中国的经济增长率与美国的经济增长率去比较毫无意义，因为不是在同一个发展阶段。同样，拿今天中国的经济增长率与今天印度的经济增长率去比较，意义也不大，因为印度的人均 GDP 相当于 20 年前的中国，即 20 世纪 90 年代的中国。类似的，拿今天中国的经济增长率与 20 年前中国的经济增长率比较也没有什么意义。

2015 年中国的人均 GDP 为 8000 美元，是美国的 1/7。如果按照购买力平价（PPP），中国的人均 GDP 是美国的 1/4。但是，无论是用汇率衡量，还是用 PPP 衡量，中国在今天的人均 GDP 仍然略低于世界平均水平。因此，说中国是中等收入国家，是恰如其分的。这也说明，中国的潜在经济增长率，虽然不如印度了，但是比发达国家要高得多。

这背后的原因是报酬递减规律，是资源的稀缺性。人口结构是明显的因素。劳动力是一个稀缺资源。中国从 2011 年起劳动力占人口比例开始下降，从 2012 年开始劳动力绝对数开始下降。所以，仅仅看人均收入与美国的差距还不够，还得看其他资源的限制，比如人口结构就是一个重要的限制。中国今天与日本在 20 世纪五六十年代的人口结构是不同的。这从可观察到的数据，比如工资水平增长上，就可以看到。过去几年中国的工资增速超过 GDP 增速，使得劳动收入占 GDP 的比重持续上升，当然是从很低的水平开始上升的。这在全球是非常独特的，因为在其他几乎所有国家，近年来劳动收入占 GDP 比重都在下降，资本收入占比则在上升。为什么中国与众不同？很重要的原因是人口结构的变化。

再看整体的投资回报率。在 2007 年之前，我们的投资回报率比较正常，但是自此以后就一直在下降。这背后的原因包括市场中的扭曲严重，比如过剩产能等。当然，根本原因还在于体制改革没有到位。这些都是造成报酬递减的因素。最后反映在整体效率的下降，就是全要素生产率的下降。

用最基本的经济学原理来看增长：短期是刺激政策，它直接影响消费、投资和净出口；中期是结构性改革，它影响供给侧，影响市场效率；长期是创新，它改变生产方式。下面我着重讲中期和长期这两个方面。

（二）供给侧结构性改革

现在讨论供给侧结构性改革很多，但是有一个非常值得注意的问题，就是我们容易把结构性改革等同于结构调整。结构性改革不等于结构调整。结构调整的主语是什么？如果是政府，是通过政府的行政手段来调整，那就是计划经济的思路。计划经济下叫有计划、按比例，比例就是指结构比例，如果结构比例不对，就要按比例来调整。结构调整的主语如果是市场，那么结构调整就应该是市场竞争的结果，而不是政府调控的工具。这里的关键是要区分机制与结果。结构性改革的关键，运用刚才讲的经济学原理，就是继续开放，把激励搞对，让市场起作用，就是要纠正激励扭曲，纠正市场扭曲。究竟什么是合适的结构比例？这要根据经济发展阶段，根据国内经济情况，还要根据全球经济情况共同决定。这不是我们看比例能看出来的。

这个话题因为篇幅所限不能具体展开。但是我想说，哪怕运用一点点经济学原理的基本知识，我们就能分辨出正确的思路与不正确的思路。这里既有理论问题，也有政策问题。认识到供给侧结构性改革与结构调整之间的重要差别，是理解供给侧结构性改革精髓的起点。

（三）经济发展新动力：创新

创新被上升到国家战略，特别是"双创"战略的提出，即"大众创业、万众创新"，把创新从过去的从上到下，扩展到从下到上。这两类创新在世界各国都存在。从上到下是利用国家的力量，在美国也有，比如造原子弹，比如登月。但要是从数量和影响范围来讲，历史证明，还是从下到上的创新更为根本。诺贝尔经济学奖得主费尔普斯（Edmund Phelps）的书《大繁荣》，就专门记录了西方国家中草根创新的历史。其实，"双创"也是基于哈耶克关于分散信息和分散知识的使用。

我们所在的这个地方，北京海淀中关村清华科技园，就是一个在创新领域非常令人瞩目的地方。清华经管学院在 2013 年 4 月创办的"清华 x—空间"（清华 x—lab）就在这栋楼隔壁的 B 座。创新是增长模型中唯一的变量，具有如此大的潜力，也具有如此大的不确定性。它让你对很多问题的回答都充满了多种可能。比如，我们经常问，世界上的资源能支持中国这样的大国崛起吗？能像美国那样每家都拥有汽车吗？我们的思路是在给定现有技术下的思路。给定这些技术，你可以说中国这么多人，每个人能源消费这么多，是不可能承受的。但是这里最大的不确定因素就是创新。创新可以节省能源，创新可以不使用传统能源。再比如，我们问经济增长对公平的影响是什么？创新到底是使穷人受益多，还是使富人受益多？在过去这一百年间，我想创新使得穷人生命的延长远远大于富人生命的延长。创新也使得智能手机这一在几年前还是很贵的产品变得如此便宜，不仅中国的一般百姓，而且包括非洲的穷人，都能使用。感谢我们的创业者、创新者，能用 1/10 的价格或者 1/6 的价格（人家是用美元标价,我们可以按同样的数字用人民币标价)生产出来。所有这些都使得创新的成果不仅是由少数人享受,而是更多人可以享受。

关于创新,我讲两个看法:第一,如果相信经济学原理的话,就要相信创新在不同发展阶段的经济体中有不同的意义。我们可以把经济体分成三类。第一类是发达国家,它们处在技术前沿,唯一的增长模式就是靠创新才能维持经济增长。第二类是穷国,它们远离技术前沿,但可以靠模仿,靠资源动员来获得高增长。中国在过去的 30 年,印度在今天,都是这种情况。我想强调的是,还有第三类,即中等收入国家,也就是中国目前的发展阶段。中等收入国家既不同于发达国家,也不同于穷国,它们处在中间状态。一方面,相比发达国家,资源动员还有空间;另一方面,相比穷国,创新变得更加重要。中国目前就是处在这一中间阶段。这是一个非常简单的判断,但是会帮助我们找准自己的方位。

第二,创新在中国有一个特殊的优势。创新通常强调从 0 到 1,但最近我在几次讲话中都强调从 1 到 N。这里有两个原因:一是 N 在中国是个巨大的力量,N 是近 14 亿;二是从 1 到 N 并不只是简单模仿,中间有很多学习中的创新。中国很多成功的新经济中的企业,就是从 1 到 N 过程中创新的典范。

这就是我用基本的经济学原理来思考中国经济的未来。经济增速下降的基本原因是正常的,由于资源的稀缺性和报酬递减规律。供给侧结构性改革的重要性是要继续开放,把激励搞对,让市场起作用，而结构调整是结果。经济发展的新动力是创新，熊彼特对创新的定义就是改变生产方式，产生新产品，它是经济可持续增长的最终力量。

最后我想借用凯恩斯的这段话来结束本文：

经济学研究似乎并不需要任何极高的特殊天赋。与更高深的哲学或纯科学相比，经济学不是一门极其容易的学科吗？它是一门极其容易的学科，但这个学科中很少有人能出类拔萃。这个悖论的解释也许在于杰出的经济学家应该具有各种罕见天赋的组合。他应该同时是数学家、历史学家、政治家和哲学家，但是在某种程度上，他必须懂得符号，并用文字将其表达出来。他必须用一般性来深入思考特殊性，并同时触及抽象与具体。他必须根据过去、研究现在、为了未来。没有人的本性和人的制度会超出他的考虑的范围。他必须既是有目的的同时又是超脱的，要像艺术家一样超然而不流俗，但有时又要像政治家一样务实。

这段话概括了凯恩斯对经济学和经济学家的期望。理解经济学原理，就是让我们能够用非常根本的、简单的原理来理解那些非常高深的学问，并且解释看上去非常复杂的现象。它既是容易的，但是也需要各种天赋的组合。

建议阅读书目：

钱颖一：《大学的改革》(第一卷、第二卷)，中信出版社，2017 年。

钱颖一：《现代经济学与中国经济改革》，中信出版社，2018 年。

［美］埃德蒙·费尔普斯：《大繁荣》，余江译，中信出版社，2013 年。

如何用经济学视角和工具分析教育问题

（2017 年）

我是经济学者，并不是教育学家。我有两个背景对推动教育改革有帮助。首先是在大学学习和任教的经历，从 1981 年清华大学毕业到 2006 年担任清华大学经济管理学院院长，我在美国的 6 所大学学习和任教 25 年，这个比较丰富的海外大学学习、任教经历，对我从事教育工作很有帮助。

其次，我学习的是经济学，经济学是一门社会科学，由于它的学科、学理的特点，使我习惯于试图用一些逻辑的、抽象的、简洁的理论来描述解释复杂的现象，并通过经济学的视角和分析工具来分析教育问题，会有一些比较有新意的观察。经济学的理论和实践经历对我思考和推动大学改革留下了非常深的痕迹。我研究的重点是中国的经济改革，包括中国企业改革、金融改革、财税改革等重大的经济改革。讲到教育改革或者大学改革，也可以从经济改革和企业改革中收获到很多的启发，中间有很多的逻辑有惊人的相似之处。

我在《大学的改革》一书引言中提到"思行合一"。这会让我们联想到王阳明的"知行合一",但是"知"很容易被理解成"知识"。而我们的偏颇就是简单地把教育理解为知识传授和知识获取,其实"思"更为重要。爱因斯坦说过,大学的价值不在于学习很多知识,而在于训练大脑会思考,就是讲"思"。教育需要多思考,要有思想性;其次要有行动,但行动也需要有思想的指导。例如,大学人事制度改革很难推行,其中既有行动的问题,也有思考的局限。

我通过"均值"与"方差"来描述中国教育中的问题,这其实是把经济学视角和最基本的描述经济变量的统计概念用于教育问题。"均值"与"方差"大部分学生都知道,但是运用在教育问题上,却出人意料地产生很大共鸣。我的观察是,从培养"才"的角度来看,中国学生的"均值"是比较高的,基础知识普遍比较扎实;但另一方面,中国学生中突出人才不多,统计上的衡量就是"方差"小。顾明远先生所说"中国教育教出来的人才有高原,无高峰",杨振宁先生所说的"中国的教育体制培养90分以下的学生很成功,但是很难培养出90分以上的学生",都是表达相同含义的比喻,而我是用了统计学中的概念做了更加一般性的概括。

另一方面,从培养"人"的视角来看,中国学生又是"均值"低而"方差"大了,所谓"均值"低,就是说普遍素质不够高,所谓"方差"大,就是说品质坏的人很坏。

所以，从这两个维度可以概括中国教育中的两类问题：一类是"成才"问题；一类是"成人"问题。这样的一种"跨界"，用不同的角度来看其他领域里的问题，并且把复杂问题抽象到比较简单，自然就有新意，会引起人们的共鸣。

通过推行通识教育与培养批判性思维实践大学理念

《大学的改革》一书的实质内容是两个方面：一是实践现代大学理念；二是建立现代大学制度。现代大学理念包括课程体系、育人方式、教学方法、教学内容等从方法到手段的内容，这就要求我们具备长远的眼光、世界的眼光和现代的眼光。如何实践现代大学理念？我觉得大学教育要重视两个方面：一个是通识教育；一个是批判性思维和创造性思维。

通识教育不同于专业教育，具有一般性。但是关键是通识教育要能够与个性发展相结合，通识教育与专业教育相融合，这就包括思维的训练，也包括价值塑造、能力培养、知识获取等。除了通识教育，就是批判性思维教育，再延伸一下就是创造性思维教育。批判性思维是一个桥梁，可以联结通识教育和个性发展，也可以联结通识教育和专业教育。批判性思维和创造性思维既有比较功利的一面，比如它们对现在特别强调的创新非常关键；也有不那么功利的一面，就是每个人都应该有独立思考的能力，这是健全人格的体现。

批判性思维和创造性思维也有利于突破"教育只是知识传授"的旧观念。

从 2009 年秋季开始，清华经管学院在本科教育中开始实践通识教育，引入了"批判性思维与道德推理"等课程。有一些证据表明这些课程还是对学生产生了影响。比如，2016 年罗德奖学金获得者黄钦就是清华经管学院的本科生，正是因为经管学院的通识教育课程，让他上了"中国文明""西方文明""批判性思维与道德推理"等课程，他忽然发现自己对政治哲学特别感兴趣。他获得罗德奖学金去牛津大学攻读相对冷门的政治哲学。

清华经管学院的"批判性思维与道德推理"（Critical Thinking and Moral Reasoning，简写为 CTMR）课很独特，在美国大学中并没有这样一门课。在美国，批判性思维并没有专门课程，但是有一门写作课，哈佛所有本科课程只有一门课是必修课，就是英文写作，英文写作课实际上将批判性思维训练融入写作中。我们将批判性思维与道德推理结合在一起，是因为纯粹的道德推理对于学生来讲可能比较难，而批判性思维如果单独开课，很可能变成了纯粹的逻辑课。这种结合是一种创新。当然，授课老师的作用非常重要。我经常问即将毕业的学生和校友对在学校学的哪门课印象深刻，或者使你改变了你的想法，或者使你发现了你的潜力？我听到比较多的是这门批判性思维与道德推理课。比如黄钦说，这门课让他学会对同样一个问题从不同角度来思考、来分析。在清华经管学院同学们之间，"你有没有 CTMR 过"也变成了一个日常用语。

经济学大家谈 | *090*

如何建立现代大学制度？

中国的经济改革、企业改革都是在很多约束条件下推进的，有技术约束、财务约束、市场约束、制度约束、文化约束等。所以一次改革可能不一定达到最优，而是次优，或者哪怕只是部分改进，也都要努力。教育改革和大学改革也是类似情况。

建立现代大学制度，有两个方面非常关键。首先是教师人事制度，包括薪酬制度、准聘长聘制度。其次是大学或学院治理改革，包括内部治理、外部治理。在教师人事制度改革方面，我们学院从2010年开始实施新的薪酬制度，从2012年开始实施教师准聘长聘制度。什么样的职位开始采用长聘即终身聘用合适？是正教授还是副教授？在美国可以找到三种例子，例如哈佛只有正教授才是长聘，加州大学所有副教授都是长聘，但是大多数的学校副教授中有长聘，也有非长聘。在中国哪一种最适合中国国情？我们选择的是第三种。此外，在中国实行薪酬制度改革也一定要考虑中国的具体情况。

在学院治理改革方面，我马上会想到20世纪90年代中期提出现代企业制度，当时有16个字来描述。当然，大学和企业不一样，但是可以从中受到启发。例如研究企业有内部治理和外部治理制度之分，大学治理也可以通过这样的方式研究。

大学和政府的关系、大学和社会的关系、大学和校友的关系等都属于外部治理问题。在内部治理中，大学和企业也有不同的地方。企业内部基本上是等级制的，CEO布置任务员工完成，是完全行政化的。大学不同于企业，学术问题应该由教师决定，这就是为什么提出"教师治学"的原因，这是一种民主决策机制。在学术问题上"去行政化"是对的。但是，在资源配置问题上，就不能泛泛地讲"去行政化"了。在清华经管学院我有两个身份，一个是院长身份，一个是教授身份。作为教授我跟其他教授一样，投票时一人一票。但是作为院长，在决定资源配置时，就必须依靠行政的力量。

语言的经济力量

（2007 年）

经济学家赞成和推动全球化，其基本原因是在全球化下，资源可以超越国界组合，产品可以在世界范围内销售，这有利于有限资源的有效配置，同时增加消费者的福利。近年来，随着越来越多的中国企业走出去或准备走出去，各种热点问题比如跨国并购、跨文化管理等，也相继成为时髦话题。但有一个更为基本的问题，似乎还没有得到足够的关注。

全球化下市场资源重组，不仅要求产品的流动、资本的流动，而且也要求人力资源的流动。面向世界的中国企业，需要大量的国际化人才。他们不仅来自中国，也来自其他国家和地区。不同于产品和资本，人才在世界范围内流动有一个基本前提，就是人们必须使用商业运作中的共同工作语言——英语。由于英语并不是我们的母语，语言成为我们的企业走向世界时面临的一个共同的、严峻的挑战。

为什么英语会成为全球化中的工作语言？是那些英国过去的殖民地，包括美国、加拿大、澳大利亚等，在当今世界经济中有着超强的经济实力。正是这些现有的讲英语的世界经济强国，使得英语成为商业中的工作语言。它也使得另一些英国过去的殖民地，比如印度，在语言上获得巨大的优势。相比之下，我们中国人（除了香港人）把英语作为一种工作语言，就成了一个基本的问题。

随着非英语国家（比如中国）的经济崛起，为什么世界的商业用语不能转换为另一种语言呢？除了语言的难易差别，这里还有一个更为基本的经济逻辑，一个被经济学家称为"网络外部性"的经典现象：一个人选择使用英语，是因为已经有许多人正在使用英语。同样的经济逻辑导致了 20 世纪 80 年代 VHS 取代 Beta 成为录像带的标准制式，也使得微软的视窗操作系统压倒苹果的操作系统，尽管从技术上讲后者都被认为优于前者。同样的道理，因为当今世界中的绝大多数企业已经把英语作为工作语言，当我们与世界交流时，也只能把英语作为工作语言。对于中国企业而言，不使用英语就无法实现同世界的自如交流，也无法走到世界前列。

所以，正是经济力量，使得英语成为世界商业中的工作语言。反过来，英语作为工作语言也为企业带来经济收益，反之带来经济成本。印度的软件、客服中心等服务业的崛起，与它们使用英语不无关系。中国能在服务外包业崛起吗？麦肯锡在 2005 年的题为《中国正在到来的人才短缺》的报告中发现，很多在华的跨国公司面临严重的工程师和管理人才的短缺，其中的首要原因是受国内大学毕业生英语水平的制约。该报告进一步地推论说，中国要发展像印度那样规模的服务外包业，在短期内还有困难。

不仅如此，语言更是影响中国企业走出去的一大障碍。近年来，国内的一些大型国有企业改制、上市，外国人开始担任高管或作为股权董事或独立董事进入董事会，这对提高中国企业的国际竞争力和促使中国企业走出去有重要意义。但目前这样的国际人才引进规模很小，作用发挥得也不够，首要原因也是语言，因为我们的多数企业领导人还不能用英语自如交流。中国银行聘用的一位美国首席风险官，在任职一年后辞职，与他同中国同事交流不畅有关。

我们的一些企业已经开始努力，比如联想集团，英语已经是它的工作语言。目前，它的董事会共有 12 名董事，只有一人不会说英语。中国的企业不能低估语言的经济力量，需要下大力气，争取把英语作为一种工作语言。这将是一本万利的投资。

中国并不孤独。世界各非英语国家近年来都在努力提高企业使用英语的水平，以适应全球化，而商学院在其中发挥着重要的推动作用。过去几年，世界的一流商学院已经越来越多地使用英语教学，即使是像法国这样对自己的语言极为崇尚的国家，也是如此：法国顶尖商学院如 INSEAD、HEC、ESSEC，都已经或正在转向用英语授课。在亚洲，韩国的大学和商学院近年来推动英语教学的力度很大，比如建校于 1886 年的梨花女子大学，在 2010 年开始实行"全球化 2010 计划"，要求所有新生至少修四门英语授课的课程，其中两门应由英语是母语的教授指导。

　　最近，一家国际组织在对全世界 1700 所大学调查后发现，仅在过去 3 年内，商学院中同时使用英语和本地语教学的硕士项目个数，就增加了一倍多（《国际先驱论坛报》2007 年 4 月 10 日）。英语教学使得一所学校可以接受从世界任何一个地方来的学生，并把学生送到世界任何一个地方去工作，大大提高了毕业生的市场价值。在商学院中使用英语教学，已经成为国际潮流。

　　当我们拥抱经济全球化时，先想一想语言的经济力量。

黄有光

新加坡南洋理工大学教授、复旦大学经济学院特聘讲座教授、澳大利亚社会科学院院士、牛津大学 Global Priorities Institute 咨询委员。

1942 年出生于马来西亚，现为澳大利亚籍。1966 年获新加坡南洋大学经济学学士学位，1971 年获悉尼大学经济学博士学位。1974—1985 年在澳大利亚莫纳什大学任副教授（Reader），1985—2012 年任讲座教授（personal chair），2013 年后成为终身荣誉教授（Emeritus Professor）。于 1980 年被选为澳大利亚社会科学院院士，于 1986 年被选入 Who's Who in Economics: A Biographical Dictionary of Major Economists 1700—1986 年的十名澳大利亚学者与全球十名华裔学者之一，于 2007 年获得澳大利亚经济学会最高荣誉——杰出学者（Distinguished Fellow）。受邀请于 2018 年到牛津大学作第一届 Atkinson

Memorial Lecture。

兴趣与贡献包括中国经济问题、福祉经济学与公共政策、快乐研究，提出综合微观、宏观与全局均衡的综观分析；与杨小凯合作发展以现代数理方法分析古典的分工、专业化与经济组织的新兴古典经济学。在生物学、哲学、心理学、社会学、数学、信息计量学与宇宙学等重要学术期刊也有审稿论文。

经济学分析方法

（2017 年）

.

经济学派别林立，尤其是正统与非正统之间差异很大，争论很激烈。本文第一部分解释了这种现象并论述了正统经济学的核心，认为虽然正统理论忽视了许多有关因素，但是却给非正统提供可以补充与拓展正统的空间，在非正统分析还没有得到更多发展之前，在教学与应用上，还是应该以正统经济学为主角，但在个别问题上可以用其他派别的研究成果适当补充。正统经济学所强调的市场功能，即使在全球金融危机时，也在绝大多数商品市场上取得 90 分以上的成绩。福祉经济学第一定理（正统经济学的一个主要结论）虽然是基于一些很不现实的假设，也给我们很重要的启示。在批评与拓展正统经济学的同时，应该避免对其全盘否定。

第二部分讨论"不现实的假设是否可以接受？"的问题。这要看它是否使你得出误导性的结论，如果是有误导性的就不可接受，如果没有，只是简化分析，结论如果是对的，就可以接受。而且同一个假设，在分析某些问题上，可能是可以接受的，但在分析另外一些问题时，可能就是不可接受的。这节也解释了，全局均衡（一般被误译为"一般均衡"）中的极限定理的证明，假定增加的交易者是同样的人，这简化是可以接受的，因为在绝大多数情形下并不改变结论。相反地，得出第一与第二价格拍卖是一样的简化假设是不可以接受的。科斯用全有与全无（all-or-nothing）的比较来批判庇古建议的污染税，也是不可接受的错误结论。

第三部分介绍笔者综合微观、宏观与全局均衡的综观分析。这分析针对一个典型厂商利润极大化的选择，考虑了宏观变量与其他厂商对之的影响，不必假定完全竞争，得出包括货币学派与凯恩斯学派都是综观分析下的特例的结论。名目总需求的改变，可能只影响价格，不影响产量（货币学派的情形）；也可能只影响产量，不影响价格（凯恩斯学派的情形）。还有其他情形，包括可以部分解释商业周期的"预期奇境"；也可以部分解释 1929 年大萧条的累积扩张或累积收缩的情形；对成本变化的影响也有分析；也可以分析一个行业的情形。

一、如何对待经济学不同学派？

众所周知，经济学有许多不同学派，而且观点差异很大，尤其是在正统经济学与各种非正统学派之间，争论很激烈。本节解释这一现象并讨论如何对待不同学派的论点，以便从中得益更多。

（一）为何经济学派别林立？

其实，其他社会科学也是学派林立，但根据笔者的有限知识，在其他社会科学，什么是正统比较不明确，很少有共识，因而正统与非正统之间的对立也比较不明确。作为社会科学之冠，经济学的正统，理论很系统，结论很多，应用性也很大。因此，正统与非正统的差别很明显，它们之间的争论牵涉范围很广，因而给人们派别差异非常大的印象。

自然科学的规律，放之四海而皆准。但社会现象比自然现象更加复杂，很多事情随时间、地点与条件而转移，很难得出放之四海而皆准的规律，也很难得出概括所有有关因素的分析。因此，对社会现象的分析，好像盲人摸象，不同学者看到其不同方面，又可能从不同角度，用不同方法来分析，因此得出五花八门的结论。

（二）什么是正统经济学的核心？

正统经济学有系统地、严谨地（多用数理方法）分析消费者与生产者在约束条件下极大化的理性（尤其是自利理性）行为，及其相互关系所达致的均衡（尤其是有关资源配置方面）及均衡的变化或比较。包括下述要点：

（1）约束条件下极大化

（2）自利理性

（3）资源配置（相对于制度、组织）

（4）均衡（相对于非均衡与历史）

（5）多数学者强调市场的效率与政府的无效率

比起其他社会科学，正统经济学可以说是非常成功的；不然不会被认为是社会科学的皇冠。正统经济学不但对分析现实经济很成功，其方法还可以用来分析社会人生的许多问题，因而被称为"经济学帝国主义"。从 2008 年全球金融危机到现在不同学派分立甚至对抗的今天，强调市场经济与正统经济学的成功可能会被认为是匪夷所思，但有如下述，却是正确的。

（三）市场经济与正统经济学的成功

市场经济与正统经济学的表现，至少可以打 90 分。这分数不是根据完全没有政府功能的纯粹 100% 的市场经济打的，这种经济在现实世界并不存在。而是根据所有基本上采用以市场为主要调节手段的实际社会或国家的平均表现来评分的；也可以说是大致根据正统经济学的教导来决定经济政策经济体的平均表现来评分的。

为什么至少有 90 分呢？回想 2008 年全球金融危机爆发时，再看危机发生十年后的现在。不论是在美国、澳大利亚、新加坡，中国的香港、北京、上海或其他主要采用市场经济的地方，衣食住行医药教育旅游娱乐等，各种物品与服务，99%以上都可以很方便地随时买到，而且绝大部分的价格都很合理。例如，笔者所在的南洋理工大学，校园内有两家中型超市，很多间食堂或食阁。到不远的购物中心，有很多商店、餐馆、食阁，也有大超市、电影院、银行、书局等。在超市不但可以买到东南亚出产的水果蔬菜，也可以买到世界各地的水果蔬菜。以前皇帝与贵妃才能吃到数百里快马加急运送的荔枝，现在中下收入的人也可以吃到比唐明皇更多选择的新鲜百果。股票可以大涨大跌，个别商品的价格也可能有很大的波动，但绝大多数商品的价格是很合理（反映成本）的，购买也很方便。只对问题哭诉，而没有足够评价成绩，这是人之常情。

再看中国，1978年12月开始的改革开放，1992年邓小平南方谈话对市场的强调，2001年的加入世贸，都对中国经济起了重大正面作用，而这些主要都是多利用市场的结果，包括市场的调节与激励机制。正统经济学的最重要启示，就是对市场功能的强调。

（四）正统经济学的最重要启示

正统经济学的最重要启示，就是解释似乎盲目生产的市场，竟然能够大致有效地调节，在一些条件下达到最高效率。这里的效率是按照帕累托最优定义的，即已经不能使任何人的境况变好，而不使一些人的境况变坏。这市场效率是司马迁的"如水之向下"（《史记·货殖列传》），亚当·斯密的"看不见的手"（虽然有人质疑），以及现代正统经济学的福祉经济学第一定理。

福祉经济学第一定理说，在一定条件下，完全竞争状态下市场经济的全局均衡会对资源、投入或生产要素和最终物品（包括服务）进行最有效的配置。完全竞争要求，所有的买方和卖方都无法影响价格，而把市场价格当成是给定的。完全竞争也隐含，在全局均衡上不存在报酬递增。除此之外，主要的条件是相关（不必完全）信息是足够的，且不存在像空气污染等实际的外部效应。

完全竞争与没有空气污染是很不现实的假设，表示定理在实际经济活动中不能100%成立，但不表示这一定理没有用。对福祉经济学第一定理为何成立的解释，让我们了解市场大致如何调节经济。福祉经济学第一定理所用的不现实假设，让我们知道什么情形可能出现市场失误，从而需要政府的干预。例如，在有严重空气污染或温室气体排放的情形，即使本科生的正统经济学，都是建议对这些重大外部成本征收大量税收的。反对对污染征收庇古税的科斯、张五常、张维迎等，至少在这方面不代表正统。

没有金钱万万不能，但金钱也并非万能。同样的，没有市场万万不能，但市场并非万能。至少在维持治安产权与处理市场的重大失误（尤其是环保与危机等）上，必须用政府的功能来补充。

（五）对正统经济学的拓展与补充

正统经济学虽然分析了人们经济行为的主要方面，让人们认识到市场的功能，但实际经济复杂无比，有很多因素没有在正统经济学的简化模式内被充分考虑。不论是微观、宏观、全局及其他，都还没有能够做到全面或真正统一的水平。因此，长期以来，尤其是这几十年，对正统经济学的拓展与补充，甚至有学者提出范式转移（Paradigm Shift），也就不太奇怪了。由于还是在盲人摸象的阶段，只要多摸一些，有新的发现，就算是有贡献。你摸到的象牙与我摸到的尾巴很不同，未必就是矛盾。

对正统经济学的拓展，包括比较接近正统的信息经济学，考虑信息不足与不对称下的机制设置等。超越正统的分析，包括超越利己（包括社会偏好、利他等）与非理性因素（包括行为经济学）、非极大化与非均衡分析、非完全竞争（包括笔者的综观分析）、非报酬恒等［包括布雷恩·阿瑟（W.Brain Arthur）的路径依赖、杨小凯的分工理论］、制度的重要、复杂性研究与演化经济学等。这些因素都在实际经济中起了一定的作用，但各自都不全面，也远远还没有达到可以进行统一的程度。连物理学都还没有看到可以统一的影子，遑论经济学？

（六）为何还是应该以正统经济学为主角？

虽然正统经济学只是一种简化分析，有很多有关因素没有被考虑，但无论在教学或应用上，至少在现阶段与可以预见的将来，还是应该以正统经济学为主角，但在个别问题上，可能可以以其他派别的研究成果适当补充。这至少有几个原因。

第一，正统经济学所聚焦的虽然不是所有因素，但是是有关经济问题的最主要或最容易分析的因素，后来的学派所重视的，或比较次要、间接，或难以分析。

第二，正统经济学已经累积了几百年的功力，其他学派的历史比较短，加上问题比较困难，得出的有用结论比较少，也比较不可靠。还要等将来多年的发展，才可能会得出比较有用的结论。

例如，关于理性与自利。每个人都有相当程度的理性与自利，但都不是 100% 理性与自利，也有非理性与利他的因素。但理性与自利还是主要的。这有生物学基础，人是万物之灵，主要不是靠尖牙利爪来生存，而是靠智力战胜其他物种的。因此，人是有很高水平的理性的。其次，自然选择主要是以个体为单位（虽然也有群体选择），因此，自利的假设大致是正确的。不过，人也是靠分工合作来生存的，因此，也有社会偏好与利他的因素。两者都考虑当然比较全面，不过如果要简化而聚焦分析其中之一，当然自利比较重要。还有，包括像田国强在内的许多经济学者所强调的一样，如果假定自利而实际上人非自利，问题不大；但如果假定人们大公无私而实际上大体自利，问题很大。

第三，正统理论用的一些假设，虽然不是 100% 成立，但据之分析结论，往往有大致的可靠性。例如，理性的假设忽视非理性，但很多（不是全部）情形，各种不同的非理性对理性下的结论的差距是不同方向的，因而往往大致相互抵消。当然，行为经济学也发现，也有很多并没有抵消，因而可能需要作比较大的修正。再如，完全竞争的假设也很不实际，但如果没有人为因素的垄断，不完全竞争的程度大致相差不大，只要依然有充分就业，整体经济的效率依然可以很高。不过，根据笔者的综观分析，在非完全竞争下，比较可能出现非充分就业的情形。

（七）结论：不走极端

从最基本的供需分析到有高度数理水平的全局均衡与机制设置等，正统经济学有很重要的具有启示性与可以应用的结论。但正统经济学，尤其是教科书的简化分析，忽略了很多有关因素，因而有很多可以补充与拓展的空间。因此，我们应该同时认识到正统经济学的功能与不足。可以批评正统经济学不足的地方，也可以提出超越正统的研究或分析。然而，许多非正统学派的学者，对正统的批评往往失之过度。一个经常的错误是，要求正统分析必须 100% 成立，只要找到 1% 不成立的地方，就把正统理论全盘推翻，认为它与实际经济毫无关系。

例如，科尔曼（Alan Kirman）对正统的批评，认为正统理论只不过是"与实际经济毫无关系的空想情况"。这样的对正统理论全盘否定，只是根据实际经济的有些情形，要达到全局均衡，有些困难。这只说明正统理论非 100% 成立，或非 100% 完美，但显然未必就是与实际经济毫无关系。难道在大多数物品的生产与消费中，供需规律完全没有解释力吗？市场经济的效率，如果不是100%，就是0%吗？

再如，2016年8月下旬在何全胜与郭泽德主编的《科学思维：关于经济学方法论的对话与碰撞》进入发稿前对作者通过电子邮件的交流阶段，引发二十万言的"百邮大辩"（与抗日时的二十万大军的"百团大战"相呼应）。其中，叶航教授介绍其几十年来的研究，"对新古典经济学理性人假设进行批判"，在笔者的建议下，叶航教授马上改为"对新古典经济学理性人假设进行拓展"。笔者希望学者们学习叶航的中庸精神，而不是科尔曼的全盘否定的极端。

二、不现实的假设是否可以接受？理论创新的一个方法论问题

针对这个问题，诺贝尔经济学奖得主弗里德曼，早在六十几年前就在他的一篇文章"The Methodology of Positive Economics"（1953年）里面，提出他的观点，他说实证经济学不需要考虑它的假设是否现实，只要它的结论是被证实的就可以了。这篇文章10年后（1963年）引起很强烈的争论，直到近年出版的文章都还在讨论。2013年9月科斯去世，10月张五常教授在深圳开了一个会，会议上发了纪念科斯的文集，包括旧的和新的。这里面提到科斯对经济方法的一些观点，使得我对这个问题产生兴趣。

我本人认为自己是折中主义者，对于很多不同学派和对经济学

方法论不同看法的文章，我都认为他们的说法有正确的地方。对于"不现实的假设是否可以接受？"的答案，要看情形，有些情形可以接受，有些情形不可以接受，要看你这个实际的假设是否使你得出误导性的结论，如果是有误导性的就不可接受，如果没有，只是简化分析，结论如果是对的，就可以接受。而且同一个假设，在分析某些问题上，可能是可以接受的，但是完全一样的假设，分析另外一个问题，可能就是不可接受的。

（一）同一个假设，有些情形可以接受，有些情形不可接受

举一个非常简单的例子，你驾车从北京到上海，你算北京到上海有几公里，行驶的平均速度是每小时几公里，除一下可以知道几个小时到上海。假定你的车只是一个点，不考虑车的长度，从北京这个点到上海这个点需要行驶多久？假定你的车是没有长度的，这是简化的假设，对于这个问题完全可以接受，不影响你得出几小时可以到达上海的结论。

同样这个假设，假设你的车只是一个点，没有长度，在另外的问题上就是不可接受的。假定你要过一个没有红绿灯的交叉路口，两边都有车行驶，如果闭着眼睛，不看有没有车，就开车驶过，会跟另外一辆车相撞的或然率有多少？如果知道车的次数等信息，可以计算这个或然率。但是，如果假定车没有长度的话，不管是在有多少车行驶的交叉路口，你算出相撞的或然率就是零。所以，你

就得出结论，我闭眼开车过去，相撞的或然率都是微不足道的。所以，同样的假设，在计算相撞的或然率时，假设"车没有长度"是不可以接受的，实际上相撞或然率是相当高的，你行驶过去可能就死掉了。所以，完全同样的假设，在一个问题上是完全可以接受的，在另外一个问题上是完全不可以接受的，因此，要看你分析问题的性质。

（二）经济学内可以接受的不现实假设

刚才是驾车的例子，现在我们看经济学里面实际上被应用的例子。先说简化的不现实的假设但是可以接受的一些例子。

极限定理

全局均衡，国内 99% 都叫作一般均衡，这显然是错误的译法，"一般"是相对于"特殊"，或者"具体"，而 general 相对于 partial，应该是"全局"相对于"局部"。所以，我们以后不要再用"一般均衡"，这是错误的译法，是不懂得经济学的人的译法，你继续用"一般均衡"，就表示你对什么是一般均衡不是很理解，应该是用"全局均衡"。

在全局均衡里有一个极限定理，就是当交易人数增加的时候，这个经济的核（core）会缩小［核就是没有被排除的可行的

（feasible）分配〕；当交易人数增加到无穷大的时候，这个核就缩小到一个点，这就是完全竞争下的全局均衡点。证明这个极限定理，用了一个非常简化的非常不现实的假设，即假定增加的人是完全一样的。两个人交易，这两个人可以是不一样的，但是增加人数的时候，增加的是跟原来这两个人一样的人，原来是 A1 和 B1，增加到 A1、A2 和 B1、B2，A2 与 A1、B2 与 B1 是完全一样的，至少在偏好和禀赋上是完全一样的。这显然是不现实的，人与人之间有不一样的偏好，不同的禀赋。但是，当我们证明出这个定理的时候，就知道为什么人数增加这个核会减少，是因为人数增加，增加了交易可能性，我们就知道即使增加的人数偏好不同、物品也不同，只要不是不同到他们用的东西我们吃了就会死导致不能交易的地步，只要有一定共同的偏好和禀赋的话，交易的可能性还是增加了。这个假设大致不影响理论的结论，因此是可以接受的。

杨小凯的分工理论

另外一个例子也是类似的，即杨小凯对分工的分析，假设分工之前每个人是完全一样的，这是抽象掉不同人之间存在不同的复杂性，简化了分析。而且让我们集中在分析这个分工造成的结果，而不是人际差异造成的结果，这让我们更加针对问题的核心，因此这个假设也是可以接受的。杨小凯的分析得出很重要的结论，得出亚当·斯密以前没有得出的更多的结论，而且是用数理的分析严格推导出来的。杨小凯去世之后，诺贝尔奖得主布坎南写了一篇纪念杨小凯的文章，布坎南在这篇文章里面透露，他在 2002 和 2003 年分别向诺贝尔奖委员会提名杨小凯。很可惜他已经去世，不然我们可能不必再等华人经济学家什么时候拿到诺贝尔奖，可能已经拿到了。

从这个人人相同的假设可以得出，即使没有外生给定的比较优势，分工也能够造成内生比较优势，即使两个相同的人或国家，也能够由于规模经济，分工而造成专业化的经济，通过贸易而双方得利。当然，实际经济中也有外生的比较优势，所以在杨小凯的分析之下做这个假设是可以接受的，但是不能因此得出结论说，实际经济没有外生比较优势。因此，实际上林毅夫也对，杨小凯也对，各有对的地方。林—杨争论在这个意义上，可以说是有一点误导性了。

综观经济学用的典型厂商

再举一个类似的例子，这是我自己用的，我这里只是讲它的结论，暂时不分析怎样进行这个理论创新。

我在 *Mesoeconomics:A Micro-Macro Analysis* 这本书里面，用完全传统的全局均衡分析，证明出给定任何一个外生的变化（即模式所分析的变量以外的变化，例如影响成本的技术与天气变化与影响需求的偏好的变化等），无论是在成本上或者需求上的变化，理论上都存在一个典型的，或者具有代表性的厂商，而这个厂商在产量和价格上的变动是能 100% 地反映整个经济在总产量和平均价格上的变动的。所以，这个论证是支持使用这个简化的典型厂商的。而且还另外证明，用简单的加权平均的方法来定义典型厂商的特性是怎样的，然后根据这个简单定义出来的厂商，他对给定一个外生变化的反应，在价格上和产量上的反应，是能够近似地代表整个经济在总产量和平均价格上的反应的。所以，这两个结论就给使用典型厂商的方法提供了理论上的支持，而且是用传统全局均衡的方法得出的。我们只看一个典型厂商代表整个经济，这个结论是否可接受？这个证明就是说它是可以接受的。但是这个分析方法，不能用在分析相对价格的变化上，所以它有它的局限性。

（三）经济学内不可以接受的假设

接下来，我们要讲那些不现实的假设是不能接受的例子，而且是实际上在经济学上被使用的例子。

第一价格与第二价格拍卖

经济学上有一个重要的拍卖机制的设计问题，就是你用怎样的拍卖方式能够确保要拍卖出去的东西是去到对它评价最高的人的手上的问题；如果让评价低的人得到，那就有效率上的损失。还有，是否能够让拍卖者得到相当高的价格。拍卖有各种方式，我们不看那种口叫的、可以知道对方出多少钱的方式，而是看写在信封上的那种，就是你出多少价钱，对方不知道，交给拍卖者。这种拍卖方式主要有两种：一种是"第一价格"；一种是"第二价格"，也就是"维克里拍卖"，是由诺贝尔奖得主维克里（William Vickrey）提出来的。所谓的"第一价格"，就是每个人写出他要买的价格，最后全部公开，提出最高价格的人得到买这个东西的权利，而且就花他所提出的价格，根据那个最高的价格卖出这个物品，这就叫作"第一价格"。你用"第一价格"，每个拍卖者都要隐藏自己愿意付出的最高钱数。例如，你认为这件东西最高值 100 块，出价比 100 块更高，就损失了，如果用 100 块买的话，完全没有消费者剩余，你何苦买呢？因此，如果你最高评价是 100 块，拍的时候可能只是出价95 块，你要有一些消费者剩余，所以每个人都去压低自己的价格。而这个压低的程度，各人都不同，所以这个物品不一定是由评价最高的人拍得。

如果用"第二价格"拍卖，同样是每个人出价，写出价格最高的人，物品卖给他。但是，不是根据最高价格，而是根据第二高的价格卖给他。假定最高价格是 100，向国成出价 100，其他人出低于100，这个物品就卖给向国成，但是出价第二高的是林毅夫，他出价98 块，所以向国成只要花 98 块就可以买到。这时候每个人都不需要隐藏自己真实最高评价，向国成认为 100 块刚好值得，如果他把出价压低到 99 块，没有影响，他依然可以以 98 块买到，但是要是压低到 97 块，这个物品就被林毅夫拿去了，向国成就没有得到这两块钱消费者剩余。这时候压低价格对你只有损害，不能得利。所以，在第二价格拍卖之下，每个人不需要压低价格，这是很好的方法。

有一个证明说第一价格和第二价格这两种拍卖方式是等价的，而且是在世界上最好的期刊里面发表的。更加惊奇的是，这个有误导性的结论，在全世界最有名、最高级的微观经济学的书（Mas-Colell，et al. 1995）里面，是按照正确结论来介绍的。为什么得出"第一价格和第二价格的拍卖是一样的"？根据上述解释应该是不一样的，第一价格之下出价人只能是压低价格，压低价格之后，这个物品就不一定是被最高评价者拿去，这和第二价格拍卖的结果是不一样的。

得出两者一样的结论是基于两个简单的假设：第一，假设他们只有两个拍卖者，彼此不知道对方出价的情形，但是彼此假定对方最低可能出的价格是多少，假定最低价格是一样的。假定我认为这个物品最高值 200 块，如果对方超过 200 块，对我来讲是无所谓的，让对方买好了，因为超过 200 块对我不利。所以，我有兴趣是 0 ~ 200 之间的价格，对方也可能是在 0 ~ 200 之间出价。但是对方的最高评价如果是 220 块，他的兴趣就是 0 ~ 220 之间出价。更重要的是另一个假定，假定我最高愿意付 200 块，我假定对方在 0 ~ 200 之间的出价，任何一个价格的可能性是一样的。

我觉得这个假设并不合理，如果这个东西值 200，那么出价 190、180 的可能性远远高过出价 1、2 的可能性，怎么会是完全一样的？这个假设不但很不现实，而且还得出误导性结论。对方从 0 到超过 200 都可能出价，但是 200 以上我不用管。从对方 0 ~ 200

的可能出价里，如果可能性是完全一样的话，我要最大化的是我得到这个物品的可能性，乘以我的消费者剩余，这个预期价值最大化。这样我应该出中间价，0～200 的中间价，我就出 100。对方是0～220，出价的可能性是一样，他就出中间价 110。我们彼此出中间价，那个物品依然由最高评价者得到。所以，他们的结论说第一价格和第二价格拍卖的方法是等价的，是由于假定 0～200 出任意一个价格的可能性是完全一样的，因此彼此都出中间价，彼此出中间价的话，物品依然由评价最高的人得到。但是，实际上如果我想买这个物品的价格是 200，我一定假设出价 190、180 的可能是远远高于出价 1、2 的。而且各人的假定不同，在各自假设不同的情况下，你就不会出中间价，比如最高愿意付 220 买的人，可能出 180，我愿意付 200 买的人可能出 190，那样就由我拿去了，那个愿意出220 的人就没有拿到。所以，这个简单的假设是不可接受的，是有误导性的。

完全可分性

我们假定物品是完全可分的，就可以简单地画图。我们可以把经济学的结论用简单的（例如边际替代率等于边际转换率）方式来表达，这是可以接受的。如果你把完全可分的假设，用在所有的生产要素上，就可以得出规模报酬一定是恒等的（所有生产要素增加一倍，产量一定增加一倍，不能超过，也不能低于）。假定每个有关要素都考虑进去，每个有关要素都是完全可分的，弗里德曼证明过规模报酬就会是恒等的。弗里德曼本身知道实际经济中是有不完全可分的情形存在的，所以不能说实际经济中没有报酬递增或者报酬递减的情形。但是，中国有位经济学者，他说弗里德曼证明了规模报酬肯定是恒等的，甚至说教科书里面规模报酬可以递增或递减是错误的，这样的结论是有误导性的，这样的简化假设应用是不可接受的。

科斯的"全有全无"的比较

接下来的例子是诺贝尔经济学奖得主科斯，得奖主要是因为两篇文章：一篇是关于厂商的；一篇是关于 1960 年社会成本问题的。张五常曾经介绍 1960 年科斯与其他经济学家的辩论，说："这是经济学历史上最有名的辩论聚会……科斯问，'假若一家工厂，因生产而污染了邻居，政府应不应该对工厂加以约束，以抽税或其他办法使工厂减少污染呢？'所有在座的人（M.Friedman，G.Stigler，A.Harberger，M.Bailey，R.Kessel，J.McGee，G.Lewis，L.Mints 等，很多是后来诺贝尔奖得主）都同意政府要干预。但科斯说：'错了！'接下来的争论长达三个小时，结果是科斯屹立不倒。"还有，张五常自己讲，"1970 年我发表《合约结构与非私产理论》，内容其实只是说，没有外部性这回事！当然屡受千夫指，但今天该文还在……而千夫则不知何处去矣！做学问是过瘾的玩意。"

批判外部性这概念，不只是张五常一个人的看法，也有其他经济学者否定外部性的存在。而且科斯在中国大陆影响非常大，张五常用百度发现有 950 万条关于科斯的引用，弗里德曼只有他的四分之一，萨缪尔森只有九分之一。

科斯反对污染收税的结论是基于有误导性的"全有全无"的比较。类似的错误，有如拙作《从诺奖得主到凡夫俗子的经济学谬误》上的论述，关于经济学上的错误多的是。所以，经济学并不像有些学者所说的"是很难证误的"，这本书上可以看到很多证误。

实证的局限

弗里德曼认为"你的理论得出的结论是否被证实"为最重要，我认为实证当然重要，但是不能单单看实证。例如，我们考虑这个理论：太阳是围绕地球旋转的。它的预测就是每天早上都可以看到太阳升起来，根据这个结果去实证，太阳真的是每天百分之百从东方升起来；理论被百分之百证明了。但是，我们知道这个理论是错误的，并不是太阳绕地球转，而是地球绕太阳转。所以，实证的很多情形，尤其经济学的很多情形是很难得出确定性的证实的。所以，你不应该完全看实证，在可能的范围内，如果你的假设是比较符合实际的，如果依然是可操控的话，你用比较实际的模式是比较好的。

笔者用比较实际的综观分析（不必假定厂商是完全竞争者）把微观、宏观和全局均衡综合起来，而且得出与完全竞争模型不同的结论。怎么进行这个综观分析？（有基本微观经济学基础的读者可以读本文第三部分与附录。）这是（简化的）全局均衡的分析，包括厂商之间的相互作用，成本线通过要素价格的可能改变而移动，宏观因素的影响等，全部的作用没有完全由附录中的简单图形完全体现出来（但也没有冲突），但由一个完整的数理模式全面分析。

（四）结论

简单的结论，要用常理和直观感受来看它是否有误导性，不能受思想意识的影响。科斯反对对污染征税，我认为是受到反对政府干预思想意识的影响。关于环保问题，市场是有失灵的，必须政府做，政府做不见得更好，可能更糟，如果更糟就设法改进。因为环保的问题已经威胁到人类生存，这个问题是非解决不可的。

三、综观经济学：简介与应用

如果有一种分析法，能够把经济学中的微观、宏观与全局均衡分析综合为一，凯恩斯与货币学派都只是其结论中的特例，不必采用一些不现实的假设就能解析传统经济学难以解析的重要现象（例如金融危机为何能影响实质经济、经济预测为何困难等），还能用来预测重要事件对经济的影响，是否非了解不可？这一部分介绍这种分析法。

综观经济分析法是笔者于 1980 年前后提创的（《综观经济学》，中国社会科学出版社），由于不必假定完全竞争，就能得出凯恩斯学派的结论，前伦敦大学 Robin Marris 教授认为这是为凯恩斯学派宏观理论提供不完全竞争之微观基础的先驱分析。

综观经济分析法用一个典型厂商来代表整个经济（也可代表整个行业）。先用传统全局均衡分析法证明：第一，给定任何一个外生变化，存在一个能百分之百代表整个经济在总产量与平均价格之变化的典型厂商；第二，用一个简单加权平均法来定义的典型厂商，能近似地代表整个经济在总产量与平均价格上对任何一个外生变化的反应。这个证明替综观经济学提供方法论上的稳固基础。

对一个产品的需求量，不但受这产品价格的影响，也受千千万万其他产品价格的影响。这是传统全局均衡法太复杂的缘由。局部均衡分析法，则只考虑本产品的价格，又失之不够全面。综观经济分析法采用中庸之道，在典型厂商之产品的需求函数中，不但考虑本产品的价格，也考虑所有产品的平均价格与名目总需求。除了这个简化，综观法基本上不必采用其他假设。既不必假定完全竞争，也不必采用具体函数，其总需求、产品需求与成本之函数都是一般函数，而能得出许多具体结论。但综观法也有其局限，只能分析整个经济或整个行业的总产量与平均价格，不能分析相对价格与产量，除非把综观法广化至两个或多个典型厂商的情形（已有学者做了这类广化，用来分析对外贸易及国有与非国有的两个部门的情形）。

在典型厂商的成本函数中，考虑本厂商的产量，整个经济的总产量、平均价格及外生因素的影响。整个经济的名目总需求是平均价格、总产量与外生因素（包括货币供应量等）的函数。让典型厂商把利润极大化，得出边际收益等于边际成本这个决定价格或产量的条件。让某些外生因素变化，对这个条件与其他方程式进行全微分，就能得出比较静态的结论。

先考虑成本因外生因素（技术、天气、进口货等）而变化的影响。如果用传统微观法对一个厂商的局部均衡分析，在需求线为直线的情形下（不必局限于这情形），边际成本增加10%，价格增加不到5%，例如3%。如果这成本的增加只限于本厂商，则这局部均衡分析是可以应用的。但综观法分析的是整个经济（或行业）的厂商都面对类似变化的情形。不但本厂商之成本增加10%，其他厂商之成本也平均增加10%。因此，其他厂商之价格也平均增加3%。但当其他价格增加时，对本厂商的需求线就会向上移动，使价格的增加不再是3%。如此反复影响，最后总共增加多少呢？用传统分析法不能得出结论。综观法的结论是：即使不考虑成本随平均价格与总产量之变动而继续变动的次级效应，成本外生增加10%的初级效应，在边际成本线是水平时，价格也增加10%；边际成本线向上（下）时，价格增加不到（超过）10%。

总需求的外生变化，又会对总产量与平均价格有什么影响呢？诺贝尔奖得主弗里德曼认为这是宏观经济学最重要的未有答案问题。综观法对这个问题给出系统的答案。有几种情形：第一是货币学派的情形，（名目）总需求的外生增加，只使价格增加，不影响产量。如果假定完全竞争及一些普通假设（包括不存在时滞与货币幻觉），综观法得出货币学派的情形一定适用。对厂商产品的需求线是水平的，厂商生产在边际成本线与需求线的交点。总需求增加使需求线向上移，但这意味着价格的增加，而在不存在时滞与货币幻觉时，这意味着成本线也同程度地向上移，使产量不变。（见附录图2）这就是假定完全竞争的货币学派为什么得出货币是中性的结论（货币供应量的改变只能影响价格，不能影响实质经济变量）的微观基础。

货币学派忽视了当竞争并非完全时，货币学派的情形并非唯一可能出现的。第二种可能是凯恩斯的情形，对厂商产品的需求线是向下的。在凯恩斯的情形中，总需求的增加，使得需求线向右移，边际收益线也向右移，这使厂商有意增加生产。如果边际成本线是水平的，也没有向上移（或是这种成本增加的作用被边际收益因需求弹性之增加而提高所抵消），则其与新边际收益线之交点，正是价格不变之点。因此，产量增加而价格不变（见附录图3）。如果边际成本线是向下倾斜的，或需求弹性增加，则价格下降。平均价格的下降，使需求线变得较平，又使产量继续增加，价格继续下降。这就是比凯恩斯更凯恩斯的累加扩张或收缩的情形。这情形可以部分地解析经济危机等现象。

介于货币学派与凯恩斯的中间情形，产量与价格都随总需求之增减而增减。在实际经济中，这大概是最普遍的情形。不过，货币学派认为，产量随总需求之变化，只是因时滞等原因而造成的短暂现象，长期而言，并不能出现。然而，用综观分析可得出，即使长期而言（考虑厂商的自由出入与成本的长期反应），凯恩斯与其他各种情形依然可能出现（见附录图4）。长期而言，成本的反应使凯恩斯的情形较难出现，但厂商的出入却使之更容易出现，因为厂商数目的增加，使需求弹性增加。

还有一种奇特的情形，我称为"预期奇境"。在这种情形下，会出现何种结果，完全取决于厂商们的预期。若他们预期价格不变，则价格不变而产量增加；若他们预期价格增加而产量不变，也同样会实现，而且各个厂商会认为其决策是符合利润极大化的。在这种情形下，预期任何你预期会被预期的预期，都是理性预期！

根据传统分析，金融危机或商业信心等，都不能影响实际经济变量。综观分析说明预期与名目总需求的作用，因而能解析这类影响。

厂商的产量与价格，取决于需求与成本的情况。综观经济学分析需求与成本的外生变化对产量与价格的短期与长期影响，有简单的方程式供这种应用，可以用来分析各种事件对经济的影响。例如全球金融危机时，使外国对中国的出口需求减少，可能对中国国内产量有负影响，因而需要2009年的四万亿元维持总需求的政策。

外生事件对经济的影响，也受成本对产量与价格的反应等内生反应参数的正负与大小的影响，如果对这些参数有估计，则可以更精确估计出对外生变化及对产量与价格的影响。如果经济学者现在对这些参数进行估计，将来有何大事件时，就能用简单的综观方程式，计算出对本地经济的影响。若影响是正面的，但股市却下跌。你等到跌得差不多，可以买入。等上涨时，你就赚了钱。你也不必说综观分析法很管用，只要把得利的百分之一寄来给我就可以了。但经济的变化有如天气，混沌论显示，北京的一只蝴蝶多拍几下翅膀，就可能使下星期台北下大雨。因此，若你亏本了，不要来找我，你去找北京那只蝴蝶。

附录　对本文的一些补充（图形分析）

科斯反对污染收税的结论是基于"全有全无"的比较。在图 1 中，X 是污染的量，向下的线是污染者从进行污染中得到的边际利益，向上的线是受害者从污染中受到的边际成本（损害），社会最优点是在这两条线的交点。如果污染者是过度污染（例如到 P 点），就应该向污染者征税，使污染者的税后边际利益线跌下来，通过 S 点，这才是社会最优点。但是科斯不仅不用数学，他连图形都不用，他只用例子，他的例子是针对自由污染、完全污染（即 P 点）和零点。这样哪一种是比较好的就是不确定的，要看 ABE 与 EPC 这两个三角形哪一个比较大。有可能是完全自由污染比较有效，也可能是完全禁止污染比较有效。因此，用"全有全无"这样的比较，要看个别情形，来决定是否禁止污染。但是，对污染收税不是完全禁止污染，而是使污染从 P 点减到社会最优点 S。所以，科斯用这个比较来反对庇古（Pigou）向污染收税的看法是错的。

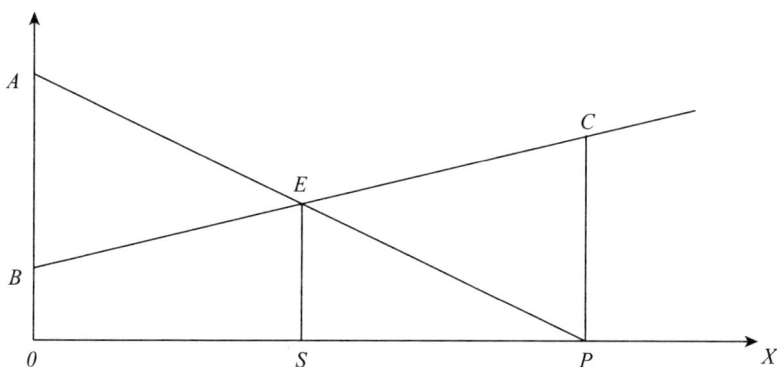

图1　全有或全无比较

类似的错误，有如拙作《从诺奖得主到凡夫俗子的经济学谬误》上的论述，关于经济学上的错误多的是。所以，经济学上并不像孙涤讲的"经济学上很难证误的"。这本书上可以看到很多证误。

实证的局限：综观分析的例子

弗里德曼认为假定完全竞争得出的结论并没有问题，可能以前没有发现有问题，但是金融危机后我认为就有问题了。根据完全竞争的结论，就可以得出货币是中性的，货币供应量的增减不影响实际产量或者就业，只影响价格。如果厂商是完全竞争的，对厂商物品的需求是水平的，那需求上升了，如果没有时滞，边际成本也上升，产量是不变的（如图2）。如果厂商不是完全竞争的话，需求线是向下的，需求的增加造成价格增加的可能性依然存在，但是也可能会有产量变化而价格不变的情形。为什么有这样大的不同？因为在需求上，如果需求线是水平的话，水平的需求线不能左右移动，只能上下移动，上下移动就是价格的变动。

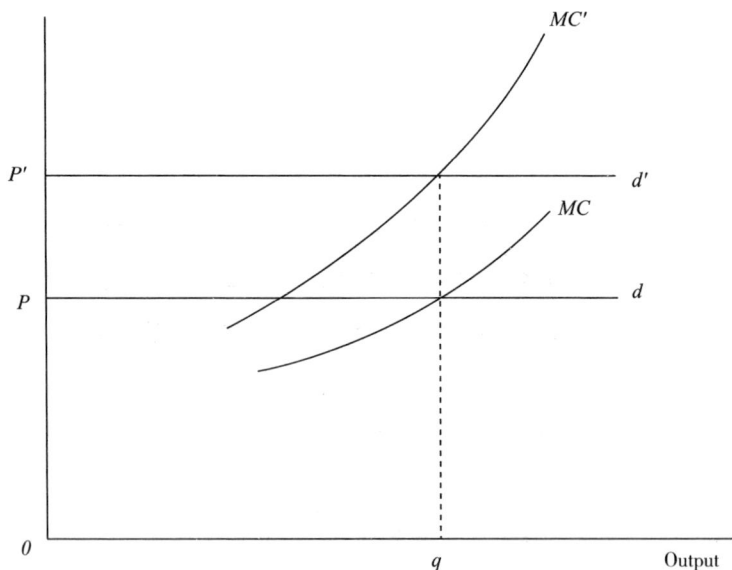

图2　完全竞争，名目总需求不影响产量

在厂商是非完全竞争的情形下，对厂商的产品的需求线是向下的。向下的需求线不但可以上下移动，也可以左右移动，左右移动就可以造成产量变动，有如图3（短期分析）与图4（长期分析）所示。而且从成本方面来看，如果需求线是水平的，边际成本线一

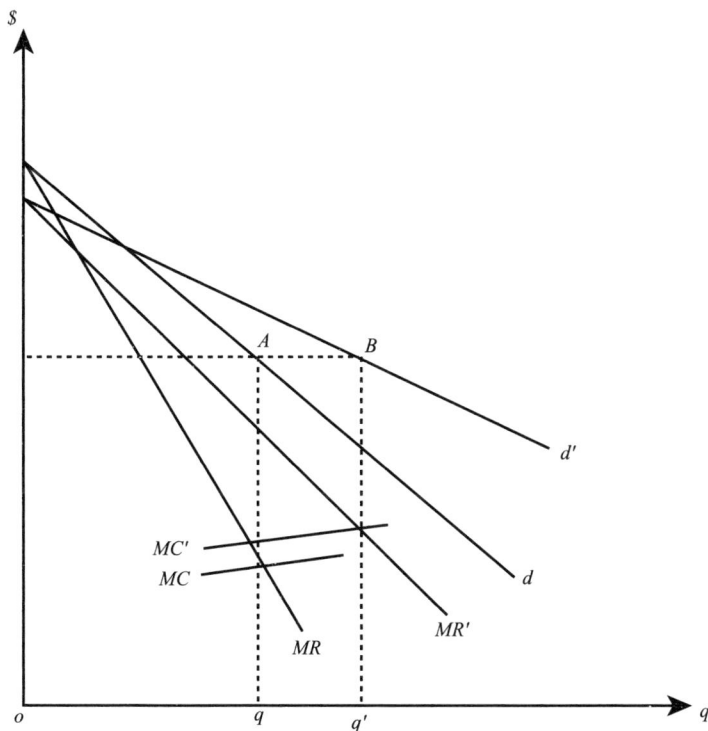

图3　不完全竞争，名目总需求可能影响产量（短期分析）

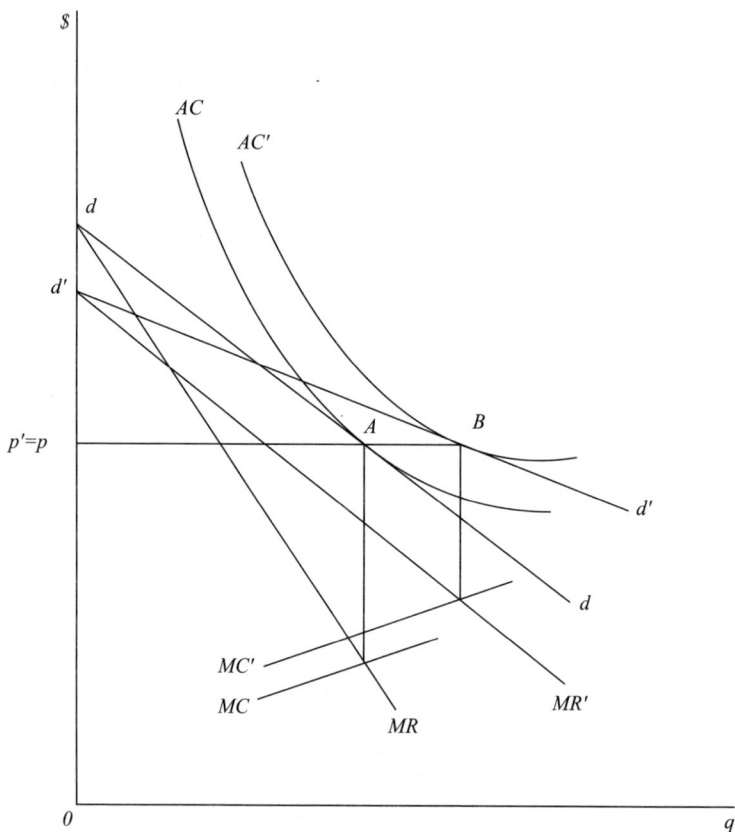

图 4 不完全竞争，名目总需求可能影响产量（长期分析）

定是向上的，假设生产量提高，边际成本就会增加；边际成本增加
了，价格就要增加。当需求线向下的时候，边际收益线通常是更加
向下的，边际成本线可以是向上、水平甚至向下。所以，生产量提

高，边际成本不见得增加，价格也不一定增加。因此，我用这个综观分析，得出货币学派（货币量或名目总需求只影响价格，不影响产量；图 2 的情形）与凯恩斯（货币量或名目总需求只影响产量，不影响价格；包括图 3 或图 4 的情形）以及一些其他情形，都是特例的一般结论；并给出什么情形，会有什么特例，包括可以解释商业循环与大萧条的累积变动的特例。

建议阅读书目：

［美］弗里德曼：《资本主义与自由》，张瑞玉译，商务印书馆，1986 年。

［英］米德：《效率、公平与产权》，施仁译，北京经济学院出版社，1992 年。

［美］缪勒：《公共选择》，张军译，上海三联出版社，1993 年。

［英］哈耶克：《通往奴隶之路》，王明毅等译，中国社会科学出版社，1997 年。

［美］丹尼尔·卡尼曼：《思考，快与慢》，中信出版社，2012 年。

［澳］黄有光：《从诺奖得主到凡夫俗子的经济学谬误》，复旦大学出版社，2011 年。

刘慈欣等：《我书架上的神明：72 位学者谈影响他们人生的书》，山西人民出版社，2015 年。

宇宙之谜：从达尔文到现在

——如何缓解当今中国道德危机

（2015 年）

＊本文修改自原刊于《怡和世纪》2015 年 2 月的拙文。

最近读完拉马钱德兰（V.S.Ramachandran） 的 *The Tell-Tale Brain*，认为是一本能够让读者收获很大的好书。以笔者的经验，这是在几年前读卡尼曼（D.Kahneman） 的 *Thinking，Fast and Slow*（已经有中译本）后收获最大的书。笔者可以竭力向读者介绍这两本好书。之前读了不少心灵哲学（philosophy of mind） 方面的书与文章，很难说有收获。主要的收获可能就是可以向读者警告说，千万不要浪费时间读心灵哲学方面的东西！（哈哈！但并不只是开玩笑而已；90% 是认真的。）至少，与其读心灵哲学，不如读神经科学。

拉马钱德兰也有讨论一些有关心灵（或"自我"）的问题。他认为在 21 世纪，我们就可以面对科学最后的重大秘密（mysteries）

之一：自我的本质。笔者解读为，可以解开心灵哲学的世界之结（world knot）：心灵或主观意识如何结合，客观存在或一般化的物质如何能够产生主观意识。这是拉马钱德兰在这一二十年神经学有了一些重要发现后，所下的显然是过度乐观的结论。笔者认为，即使到31世纪，这世界之结还是不能解开。如果这世界之结能够通过科学来解开，至少也要等神经科学的发现比现在所知多百倍千倍之后。不过，笔者虽然不能解开这世界之结，却能够解开宇宙之谜！

达尔文对宇宙之谜的迷惑

在1862年4月21日，达尔文在 *London Illustrated News* 上说："我深深感受，关于创世（Creation）的整个问题对于人类的智力而言实在太深奥了，像一只狗在推测牛顿的心思！只能让每个人希望与相信其所能。"

在1860年5月22日，在给阿萨格雷（Asa Gray）的信中，达尔文也说："世界上有太多的不幸，我不能说服自己相信一个仁慈与全能的上帝……另一方面，我也完全不能满足于只观察这个奇妙的宇宙，尤其是关于人的本质，并断定所有的东西都只是粗暴的物质力量所造成（the result of brute force）。"

在150多年后的今天，我们是否能够帮助达尔文解答其迷惑呢？

简单唯物主义的问题

只有双重无知的人，才能够相信简单的唯物主义。第一，他必须没有经历过，没有可靠地听说过，也没有读过大量关于一些神秘现象（包括心灵感应等）的报道。第二，他必须完全没有关于相对论与量子物理学的一些基本认识。他的物理学必须停留于牛顿时代。根据牛顿物理学，一加一等于二。引力定理的公式，也很直观。这个世界很简单，像一块石头，可以本来就有，不必有创造者。

然而，根据已经被大量事实证实，被所有科学家接受的相对论，列车以每小时 30 公里的速度行驶，列车上的汽车以每小时 20 公里的速度同向行驶，汽车相对于月台上静止的人的速度，不是 30+20=50 公里，而是 49.999 公里。你开车（或坐火箭）高速（不论多么快，即使是 0.9 倍光速；根据相对论，物质不能够达到光速）往北行驶，我开车高速往南行驶。同一个光子（不论是向北或向南）的速度，对你与对我是完全一样的。

这么怪的相对论世界，还可以用长度随速度而变小等来解释（但不能解释为什么会这样变，变到使光速对任何坐标恒等），而我们宇宙的量子现象，怪到连量子物理学大师，物理学诺贝尔奖得主中的佼佼者理查德·费曼（Richard Feynman）都认为，如果你（包括量子物理学家）认为你理解量子物理学，那你肯定不理解量子物理学。拉马钱德兰也认为像量子这些构成物质的基本组成部分是非常神秘不可思议的（deeply mysterious），如果不是完全鬼魂似的

（downright spooky）。所有科学家，最多只是知其然，完全不知其"何以能然"。

进化论的问题

在"知其然"中的一个重大要点是，我们这个怪异的庞然大物，是在约 140 亿年前的一个大爆炸（Big Bang）中来的。255 名美国科学院院士在关于《气候变化与科学正直性》的公开信上说："有确凿的科学证据表明我们的星球的年龄大约是 45 亿年（地球起源理论），我们的宇宙是在大约 140 亿年前的一次事件中诞生的（大爆炸理论）。"（方舟子翻译）也有许多支持（甚至可以说是证实）大爆炸的事实，包括宇宙在膨胀、大爆炸残留的宇宙微波背景辐射、氢与氦在宇宙间的大量存在等。因此，笔者接受大爆炸理论。

然而，如果我们的宇宙只有 140 亿年的历史，很难相信它能够随机进化到人类的高度，尤其是其主观意识与创造性。一年有不到 3200 万秒，140 亿年有不到 45 亿亿秒。即使多加 20 多倍成为 1000 亿亿秒，其秒数也只有 10^{19}。组成生物体的蛋白质由氨基酸组成，氨基酸组成的多肽链（polypeptide chain）有超天文数字（10^{143}）的折叠自由度（相比一下，全宇宙的所有基本粒子的数目，也没有超过 10 的几十次方）。折叠方式错误会造成功能失误或病变。即使不是随机，而是极快速（例如每秒 10 亿次）尝试每个不同的折叠方式，也要有比宇宙自大爆炸以来几百万亿亿亿亿亿亿倍的时间，才能找到正确构成蛋白质的折叠方式。要随机进化成为有主观意识的动物与有创造性的人，根本比怪力乱神还不可能几百万亿亿亿倍！

如果相信科学家的大爆炸理论，就不能相信简单进化论，相信人类是在这个只有 140 亿年历史的非被创造的物质宇宙，是在只有 45 亿年历史的地球上进化而来。笔者相信进化论，但相信的是修正了的进化论。进化的速度这么快，不可能在 140 亿年内，在非被创造的简单物质宇宙内完成。给定只有几百亿年，要进化到我们的高度，必须有特别快的进化速度，必须在为造就这特别快的进化速度而创造出来的宇宙内进行。

对我们来说是庞然大物的宇宙，实际上只是一个被创造出来的小宇宙。由于被创造出来能有高度进化速度，因而需要有相对论与量子论的怪异性质。由于是被创造出来的，像钟表，怪异也就不怪了！

宗教界说法的问题

创造我们这个小宇宙的创世者（或称上帝），又从何而来呢？有些宗教认为上帝是自在永在，本来就有的。这说法不但等于没有回答问题，它本身就推翻了创造论的基础。一台钟必须有制造者，如果说这台钟是一个能自动制造这台钟的机器制造的，则这机器比钟更复杂，更不可能是本来就有的！同样地，如果我们的宇宙不可能没有制造者，则能够制造我们的宇宙的上帝，更不可能是本来就有的！与其相信一个能制造钟的机器是本来就有的，不如相信钟本身是本来就有的。同样地，与其相信能够创造宇宙的上帝是本来就有的，不如相信宇宙本身是本来就有的。因此，说上帝是本来就有的，是不能接受的！这是一些宗教（不包括佛教）的致命弱点。笔者替这些宗教免除这个弱点，回答创世者来源的问题。

创世者是在大宇宙的漫长岁月中以地球进化速度的几千万亿亿亿分之一的缓慢速度进化而来的。由于有漫长的时间，可以进化到超越我们许多倍的高度，加上科技的功能，达到能够创造 140 亿年前的大爆炸的高度。

读者可能会问，大宇宙又从何而来呢？笔者对这几乎不能回答的问题，也有无懈可击的答案；详见拙作《宇宙是怎样来的？》（复旦大学出版社，2011 年）。此书用五个非接受不可的公理，论证上述"进化神创世论"。这是（非简单的）唯物主义的极致，因为论证了上帝也是物质或客观存在进化而来的！

读者可能也会问，创世者为何要创造出 140 亿年前的大爆炸？老实说，笔者也不知道，但猜想创世者是获得了"研究资金"，做了一个"试验"。相对于我们的能力，创世者几乎万能，但并非真正 100% 全能。大概是仁慈的，但未必 100%。这能够解释为何"世界上有太多的不幸"。

帮助缓解道德危机

上述观点不但回答了宗教界与科学界不能回答的问题，而且调和了进化论与创世论，调和了科学与宗教，对构建和谐社会有重要贡献。还能够帮助缓解中国当今重大道德危机。

中国要成为强大的国家，不但要依靠在经济与军事上的硬实力，还要有包括道德在内的文化上的软实力。要使社会和谐、人民快乐，软实力的重要性更加重要。

笔者不是在批判唯物主义，笔者是唯物主义者。有心灵（主观感受），但最终是物质（广义的，包括能量等任何存在）。没有物质（东西），何来心灵？"我思故我在。"笛卡尔这句话被批判为唯心，实在是冤枉。必须先有物质存在的我，才能够进行思维，才能够有心灵现象。因此，从我在思维的事实，可以推论出，物质的我也是存在的。这是多么唯物呀！拙作《宇宙是怎样来的？》是唯物主义的极致，证明创世者也是物质存在进化而来的。

笔者批评的是简单甚至幼稚的唯物主义，认为我们的宇宙是本来就有的，没有创世者。既然简单的唯物主义无神论是站不住脚的，大爆炸是被创造出来的，我们的小宇宙是为了能够快速进化的产品，那么，很多以前我们认为是迷信的东西，需要重新研究。何况根据"帕斯卡的赌注"（Pascal's wager），信有而实无，没有损失；实有而信无，损失可能是地狱与天堂之别。宁可信其有，不可信其无。损人利己，不但于心不安，还可能有更重大的今世与来世的报应。道德水平低下的行为，是否需要更加避免？因此，对进化创世论的宣传，应该是促进社会和谐，提升人们道德水平的一个重要方法，对人民与政府都是有利的。

古今妙联：十八万元诚征下联

（2018年）

本文的一些内容与有关对联，以前曾经在笔者的博客、中国台湾报章、新加坡的《联合早报》（2016年12月24与31日）征求过下联，也在南洋理工大学中文系林静夏博士的修辞学课里，以及在华裔馆主办的公开讲座（2016年10月）中讲过。正式以十八万元诚征下联是在由东方出版社出版的《那些习而不察的谬误》中关于对联的章节中提出。在讨论古今妙联之前，先简单叙述对联的要件。

一、如何作对联？对联要件

要满足下列要件，才能够成为对联。

1. 上下联每个对应句的字数相同。

2. 词性相同，动词对动词等。

3. 节奏。每个词组相对，例如，上联是像七言诗的 2—2—3 句法，下联也必须同样。

4. 平仄相对 / 反。不必每个字都平仄相对，但最好每节脚、句脚都相对，而联脚（整联最后一字）必须平仄相对（即相反）。

5. 避免用同字。除了一些不重要的字（之、又，等等），下联尽可能避免在同样的位置用和上联同样的字。

6. 避免"合掌"。整个下联不可以和上联的意义完全一样。

7. 巧联巧对。上联有某些特出的地方，下联也必须有同样或至少类似的特点：重复字、拆合字、同声字、双声、叠韵等。双声、叠韵可以互对，但重复字必须重复。（上联没有重复，下联不可以重复，这往往被忽视。）例如：

· 蚕为天下虫；鸿是江边鸟。

上联说的是："天"字下面加一个"虫"字，就成为"蚕"字。下联说的是："江"字边加一个"鸟"字，就成为"鸿"字。这是拆合字的巧对。

相传一位姓吕的姑娘结婚，在闹洞房时，一位姓徐的男子出了一上联，而新娘对出了下联。

· 吕氏姑娘，下口大于上口。

· 徐家子弟，邪人多过正人。

"吕"字由上下两个口字组成，而下口大于上口。这上联显然很不礼貌，所以新娘在下联中骂回。"徐"字中有一个正立的人与两个斜立的人。所以邪（斜）人多过正人。

在另外一个婚礼上，有人出对子如下：

·小姐诚抱屈矣！

·先生果破费乎？

这对联好像没有什么特出，但如果新郎姓屈，新娘姓费，就很巧妙了。

·东当铺、西当铺，东西当铺当东西。

·男学生、女学生，男女学生生男女。

看起来好像也对得很有趣。其实有一个错误，使下联对不上上联。看得出错在哪里吗？

8. 最好做到上下联意境相合或对照。还有，用句精练，争取内容达到真善美。

二、十八万元诚征下联

1. 古今妙联

抗日时期，国民党政府从南京迁都到重庆。有人作出下面的"集地联"：

·中国捷克日本，

·南京重庆成都。

"捷克""重庆"与"成都"是地名，而在联中又有普通意义。如果中国能够很快克服日本，南京就能够重新庆祝成为首都。

·骑奇马，张长弓，琴瑟琵琶八大王，王王在上，單（"单"的繁体字）戈成戰（"战"的繁体字）。

·伪为人，袭龙衣，魑魅魍魉四小鬼，鬼鬼居边，合手即拿。

·山石岩前古木枯，此木是柴。

·长巾帐内女子好，少女为妙。

古木为"枯"，"柴"字怎样写呢？本来古木两字合成的"枯"字是可以当成"柴"字用的，但因为已经当成"枯"字，必须另外造一个字。当时造字的人们看到家里放的柴，就说："山中的木不是柴，这里的木才是柴，所以可以用'此木'作为'柴'字。"还有，古代造字的人大概多数是男的，才把"女子"合成"好"字。对男子而言，女子是好的。那么，比"好"更好的"妙"字怎么写呢？当然，少女为妙，因为年轻的女子对男子更有吸引力（请参见《那些习而不察的谬误》第5章）。

纪晓岚很年轻就入翰林，持扇走入一室，一位有南方口音的老太监在读《春秋》，出联如下：

·小翰林，穿冬服，持夏扇，此部"春秋"曾读否？

纪晓岚对以：

·老太监，生南方，来北地，那个"东西"还在吗？

上联有春夏秋冬四字，下联有东南西北四字；而且"春秋"不是真正的季节的春秋，而是一部书的名字；"东西"也不是方向的东西，而是"那个东西"！

有教书老先生看到丫鬟在抓痒，出上联：

·痒痒抓抓，抓抓痒痒，越痒越抓，越抓越痒，怎医得心坎儿上痒？

丫鬟在下联中骂回：

·生生死死，死死生生，先生先死，先死先生，却原是饿鬼道中生！

·调琴调，调调调，调调调来调调妙。

"调"有两个不同读音。下联的"种"也有两个不同读音：

·种花种，种种种，种种种出种种香。

2. 试对古难联

·三光日月星

这联难对在首字"三"，应该以另外一个数字对之。如果对："四方东南西北"，就多出一字。传统的下联是"四诗风雅颂"，因为有"大雅"与"小雅"。严格一些，要求节脚"光"是平声，下联的"诗"也是平声，就对得不是很工整。笔者夫妇只有女儿，没有儿子，所以可以对下联为：

· 两代父母女。

· 闭门推出床前月。（苏小妹）

· 投石打开井底天。（秦少游）

大才子秦少游大概是心急了，才需要苏东坡投石提醒。其实这上联不是太难对，例如：

· 点火照明心上人。（古人用油灯类，点灯也叫点火）

· 鸡犬过雪桥，一路梅花竹叶。

犬的脚印像梅花，鸡的脚印像竹叶。笔者对以：

· 杨黄攀绝顶，全程劲草枯枝。

杨指杨小凯。杨有木字边，黄有草字头，所以可以对。

相传有一酒店，因为有美丽的女儿掌柜，客人很多，酒卖得很贵，又加温得不够，有人出上联：

· 冰冷酒，一点两点三点。

古冰字只有一点，与冷、酒的两点水与三点水，与下句的一二三呼应，不容易对。后来有人看到丁香花盛开，对以：

· 丁香花，百头千头萬（"万"的繁体字）头。

笔者以这有名的下联为上联，对以：

· 火热舞，两遍四遍六遍。

"火""热""舞"三字下部分各有二、四、六笔。

· 烟锁池塘柳。

这上联有"金木水火土"五行。笔者对以"耳目口鼻舌"五官：

· 耳听眠敌鼾。

台湾有地名凤山，有富人出上联招女婿：

· 凤山山出凤，凤非凡鸟。

山山为出，繁体字的凤（鳳）是凡与鸟（鳥）两字合起来，很难对。澳大利亚的 Perth，可以翻译为"伯夕"。比起悉尼与墨尔本，这城市比较少亚洲人。黄昏时出来行走的很多老人，故笔者对以：

· 伯夕夕多伯，伯乃白人。

· 枇杷树下弹琵琶。

笔者以南方口音"蝶"与"谍"都是仄声，可以对以：

· 蝴蝶园中捉胡谍。

· 望江楼，望江流，望江楼上望江流，江流千古，江楼千古。

笔者对以：

· 观海榭，观海啸，观海榭中观海啸；海啸万姿，海榭万姿。

纪晓岚夸口说天下没有对不出的上联，其夫人出上联，纪晓岚终生不能对出。

· 明月照纱窗，个个孔明诸葛亮。

难对在孔明就是诸葛亮，而在联中有普通意义：每个窗口、每块葛布都亮（古人以葛布糊窗，可以挡风而让光线进入）。墨尔本每年有农展，得奖的牛马，身披锦布，主人领着，文文正正地（"文正"也可以指牛马身上纹路端正；古代"文"与"纹"通用。根据这个解释，"文正"对"孔明"比较"工对"），绕场走一周，主人感到很光荣。因此，用这个事实，笔者对出下联：

· 正日弥大地，匹匹文正司马光。

（"文正"是司马光的谥号。）

另外一个版本：

· 葛布糊窗，个个孔明诸葛亮。

· 马身披锦，匹匹文正司马光。

大学士解缙曾经考到解元（进士第一名为状元，举人第一名为解元），据说他曾经在外口渴，向老妇人讨茶喝，老妇人出上联让他对：

· 一杯清茶，解解解元之渴。

此联难对在有连接三个同字异音的"解"字。第一个"解"读 jiě，解除；第二个"解"读 xiè，姓氏；第三个"解"读 jiè，解元。不但大学士不能对，据说后来也没有人对出。笔者对以：

· 两翼劲旅，单单单于之师。

第一个"单"读 dān；孤单之意。（此处当动词用，"使之孤单"之意。）第二个"单"，读 shàn，姓氏。第三个"单"读 chán，单于（匈奴君主）。

2001 年，香港《信报》社长林山木，宴请台大经济系熊秉元，陪客是邱翔钟和笔者。熊秉元有两篇文章被选为台湾中学生课文。邱翔钟是当时《信报》香港总编辑。林山木更是"香江第一健笔"。"香港三支笔"：武侠小说的金庸，科幻小说的倪匡，评论的林行止（林山木笔名）。笔者问熊秉元："如果一台钟的长短针都指向 12 点，我们是否可以说，此钟秉元？"熊教授说可以。笔者为这聚会作了一对联：

· 熊林邱黄，山木有光，翔钟秉元；

· 马关李白，汉卿居易，鸿章致远。

以马致远对熊秉元，关汉卿对林山木，李鸿章对邱翔钟，白居易对黄有光，又有普通意义，例如第一句是说：在有马的关上的李子是白色的。（南方口音，"白"是仄声。）

3. 难联待对

· 日本有罪，因此后羿射，夸父逐，蜀犬吠。

这"日本"有双重意义，明讲太阳，暗骂日本。笔者对的是：

· 中非无德，为何日本侵，美国围，南洋逼？

1977 年 12 月 4 日，中非共和国总统博卡萨自封为皇帝，将中非共和国改成中非帝国。加冕典礼花费等于国家年收入的 1/4。下联明替中国辩护，暗骂中非。

多年前中国农业银行出一个上联：

· 农行行，行行行。

联结五个同样的字，两个不同发音。意思是说：如果农行（háng）行（xíng）了，各行各业都会行。不知有没有下联。笔者对的下联是：

· 基率率，率率率。

第一个"率"是利率的"率"，对银行的"行"；第二个"率"读（shuài），根据新华词典，是"遵循"的意思，如"率由旧章"。意思是说，如果基本利率遵循规定，所有利率都会遵循规定。

多年前，某地有姓卓与姓蔡的结婚，当时笔者出了一个上联：

· 卓蔡联婚，桌上有菜，菜中有桌。

"卓"与"桌"是同音（尤其是当时新加坡与马来西亚一带说的华语是南方口音，把第二音的"卓"与第一音的"桌"都读成第五入音，完全一样）不同字而又字形相像；"蔡"与"菜"也是一样。结婚庆典当然桌上有菜，菜的英文是 vegetable，其中有 table，即桌也，所以说：菜中有桌。笔者曾经在报章征求下联，但没有真正对上的。有两个比较好的，其一：

· 钟灵庆典，钟下悬铃，铃顶悬钟。

钟灵是马来西亚的槟城最有名的华文中学。钟用繁体字有两个字形相像的同音字（鍾、鐘），但灵与铃只是同音，而且没有英文字内的巧妙。其二有英文字的巧妙：

·男女交欢，男下有女，女中有男。

女的英文是 woman，其中有 man，即男也。又形容男女交欢，惟妙惟肖。可惜上联的"卓""桌"与"蔡""菜"是不同字，下联的"男""男""女""女"是同字，不能对。

笔者这上联出了几十年，想让其他人去对，自己没有认真去试对之。到了 2016 年 10 月 29 日，笔者当天下午要替华裔馆给一个"古联今对，古诗今改"的讲座，顺便以奖金诚征下联。起初假定这桌蔡一联最难对，因为涉及中英双语，本来给这联的奖金最高。后来想想，应该自己试试看。当天上午，对出几个下联，包括：

·黎朱对弈，梨边藏珠，珠内藏梨。

这是因为珠的英文是 Pearl，梨的英文是 Pear，就在 Pearl 内。下联讲黎与朱两人下棋，桌上有梨子，梨边有藏有珠子的盒子。

·珥侏对弈，耳下藏珠，珠内藏耳。

这是因为珠的英文是 Pearl；耳的英文是 ear，就在 Pearl 内。

·琐钟对弈，锁边有钟，钟内有锁。

这是因为钟的英文是 clock；锁的英文是 lock，就在 clock 内。虽然有中英文的复杂性，也不是很难对，所以把奖金减少到与其他联一样。新加坡一位高中生（华侨中学）司徒玮崧也对出下联：

·糜賈（"贾"的繁体字）逛市，米下标價（"价"的繁体字），價里标米。

解析：下联说的是糜与贾（繁体为"賈"）两人在逛超市，看见了米，而米袋下标有它的价（繁体为"價"）格。价的英文是price，米的英文是rice，因此米"标"在价里。

这联可能不是很难对，读者可以试试。当然，要得奖，必须比这个更好。不然，截止日期后，这3万人民币应该是司徒玮崧的。

笔者对过的最难对的上联应该是敝校南洋理工大学材料科学与工程院的研究员陈鹏博士于2016年11月30日电邮内出的：

·风云过山丘，巍巍岳飞大鹏举。

根据陈鹏博士的解释：

"山丘，意思与岳相同，下山，上丘，两字合起来还是岳。风云飞过山丘，看起来像是山在飞，所以说岳飞。山飞起来，像是大鹏鸟举起来的那样。岳飞，字鹏举，南宋名将，巍巍，形容山，也形容岳飞。大，形容鹏，也形容鹏举。巍巍和大同义。"

此联难对在岳飞与鹏举是人名，而且是同一个人，而在联中又有普通意义，再加上"山丘"在意义与字形上都是"岳"，"巍巍"与"大"的关联，似乎是绝对。笔者大胆，试对以（2016年12月1日电邮提出）：

·烛火照女臣，夜夜姬昌雄文王。

解释："王"的用法，根据孟子，"以力假仁者霸……以德服人者王"。（这里的"假"，应该不是真假的假，而是假借、替代之意。）下联讲一位会享乐的好皇帝，虽然夜夜宠幸妃子，还能够以雄文服天下。"岳"是山丘中之大者；"姬"是女臣中之受宠者。涉及女人（姬）之事，能够"夜夜"，必也雄哉！一个缺点是"臣"

与"昌"都是平声。不过，联脚平声的"王"是对得上联仄声的"举"的。联脚必须平仄相对，节脚与句脚最好也相对。笔者下联的不完美，留给读者有超越与得奖的空间。

据记载，"姬昌（前1152年—前1056年），姬姓，名昌，周太王之孙，季历之子，周朝奠基者，岐周（今陕西岐山）人。其父死后，继承西伯侯之位，故称西伯昌。西伯昌四十二年，姬昌称王，史称周文王。在位50年，是中国历史上的一代明君。"

4. 十八万诚征下联

现在笔者再以十八万元（人民币）诚征下联，包括下面六个上联，各三万元（真正对上的可以寄：ykng@ntu.edu.sg；没有真正对上的请不要寄）。

（1）凤山山出凤，凤非凡鸟。（古联）

（2）熊林邱黄，山木有光，翔钟秉元。（黄有光）

（3）葛布糊窗（或明月照纱窗），个个孔明诸葛亮。（古联）

（4）一杯清茶，解解解元之渴。（古联）

（5）卓蔡联婚，桌上有菜，菜中有桌。（黄有光）

（6）风云过山丘，巍巍岳飞大鹏举。（陈鹏）

必须对得比笔者的更好的，才算成功。例如，笔者的"单单单于之师"虽然有三个不同发音的字，可以说对上了，但只是一种可能，没有根据历史事实。如果有根据的，也对上，就比笔者的好。

再如，"伯夕"是笔者自己对 Perth 的翻译，虽然可以接受，但如果有原有的名字，则更好。对第二联的必须是与笔者的下联用的人名有同样知名度的，一看就知道是名人，不必查百度。另外，必须是读者自己的下联，网上已经有的，例如"乐乐乐师""华华华侨""和和和尚"等，不能算数。截止日期是《那些习而不察的谬误》一书出版 24 个月后（即 2020 年 6 月 30 日）。

杨小凯

著名华人经济学家，澳大利亚莫纳什大学经济学系讲座教授、澳大利亚社会科学院院士、哈佛大学国际发展中心（CID）研究员。

1948年出生于吉林省敦化县，1982年中国社会科学院计量经济学硕士毕业，1988年获普林斯顿大学经济学博士学位，1990年获澳大利亚莫纳什大学终身教职；1993年当选澳大利亚社会科学院院士；1994年，出任美国路易维尔大学经济系教授、哈佛大学国际发展中心客座研究员；1995年，出任台湾大学客座教授；1998年任哈佛大学客座教授。已出版的中英文专著包括：《专业化与经济组织》《经济学：新兴古典与新古典框架》《发展经济学：超边际与边际分析》等，获得了世界级的成就和同行的推崇。

主要研究领域包括：数理经济学、国际贸易与经济增长、微观经济学、制度经济学、产业组织理论等。他和黄有光合著的《专业化和经济组织》一书被权威杂志书评称为"盖世杰作"。财务理论奇才布莱克称此书为"天才著作"。他的《经济学：新兴古典与新古典框架》被匿名书评人称为"对经济学根基进行重新梳理，为经济学教学提供了崭新的方法"。

他最突出的贡献是提出新兴古典经济学与超边际分析方法和理论，曾两次被提名诺贝尔经济学奖（2002年和2003年）。由于其在经济学上的巨大成就，杨小凯被誉为"离诺贝尔经济学奖最近的华人"。2004年在澳大利亚去世。

如何用当代经济学观察中国经济

（1991 年）

我所教的经济学课中，最易教的是数理经济学，最难教的是中国经济。中国经济之所以难教，是因为社会主义经济还没有成熟的理论。所以，难不是难在中国的特殊情况，而是难在要进行理论创新。我在澳大利亚莫纳什大学和港大经济系教"中国经济"时，常常从分析中国经济的理论着手。在这些教学过程中，我积累下来的讲义，也许对人们观察中国经济问题有帮助。此文将选择这些讲义中的部分内容向读者介绍。

一、新古典主义微观经济学

(一)市场社会主义

可用来分析中国经济的基础理论,大致可分为三个大流派。第一个流派是所谓新古典主义微观经济学或称价格理论。这个流派中又分为互相敌对的两派:一派是以兰格(Oskar Lange, 1904—1965)为代表的市场社会主义学派;另一派是以弗里德曼和哈耶克为代表的自由市场学派。这两派所依的基础理论,都是新古典主义的一般均衡模型。这种模型假定经济制度、可用资源、技术条件和人们的嗜好是外生给定的,人们在给定的这些条件约束下的自利行为,会产生供给和需求,供求相等的条件决定价格,而价格决定资源配置,也部分地决定收入分配。之所以说"部分",是因为初始资源分配也会影响收入分配。比如,我在参加市场买卖前有一两黄金,在市场买卖后,我的收入由金价和我以前持有的黄金数量共同决定。其中价格是事后才知道的,而初始财产的物理数量却是事前已知的。

兰格声称,即使我们保持所有资产的国家所有权,但私人只有对消费品的所有权,一种所谓市场社会主义制度,也可以让价格制度发挥分配资源的作用。这种制度运作的方式是让政府按照供求差调节价格,供不应求提高价格,供过于求降低价格,同时将企业经营权分散,让厂长们按照价格条件把利润最大化。这种理论与后来匈牙利的经济改革及目前中国搞的承包制和价格调节都有共通之处。

（二）自由市场学派

上述这种理论受到自由市场学派的批评。弗里德曼声称，价格制度只有当它能提供激励时，才能真正传递信息。而"市场社会主义"希望没有私有财产的激励，但同时价格却能传递信息。弗里德曼指出，如果没有私有财产的激励，人们没有诱因去获取信息，价格制度因而不可能传递信息。他还指出，如果没有公平竞争，则人们讲假话的动机不会受到抑制，因而价格也不可能传递真正的信息。由此可以看出，兰格片面强调价格本身变动的作用，而弗里德曼却强调自由进入、公平竞争、私有财产这些价格制度运作的基础。

显然，弗里德曼的论点比兰格的更为令人信服。试问，为什么厂长要使利润最大化？他的诱因只与上级的奖罚有关，而上级为什么要将利润最大化并按供求相等的原则定价？在社会主义国家我们显然找不出这种动机：一是因为企业不是上级的私人财产，他没有动机去真正关心利润；二是因为一旦上级有了操纵价格产量的垄断权力，他一定有诱因利用这种权力去损人利己。

可见，兰格的市场社会主义不但是纸上谈兵，而且抱有明显的政治偏见。

（三）x 无效率

新古典主义经济学最近的一些代表人物提出一个新概念，称为 x 无效率，与资源分配无效率相区别。所谓资源分配无效率，意味着各种产品的相对价格与有效率的相对价格不符，因此，各种产品的相对比例没有在给定技术、资源条件下将福利最大化。例如，资本主义国家中的政府对一种产品抽税而对另一种不抽税，则会发生资源配置的无效率。但是，即使有资源配置的无效率，厂商在技术上还是尽可能大量地生产产品。比如，如果生产 10 斤食物，在现有技术条件下，所有余下的资源还可生产 10 辆汽车，这是 x 有效率的。但如果人们喜欢 20 斤食物加 2 辆汽车甚于 10 斤食物 10 辆汽车，而两个方案技术上都可行：则 10 斤食物 10 辆汽车是 x 有效的，但资源配置无效。

新古典微观经济学家提出了 x 无效率概念，但并未深究为什么社会主义国家会有 x 无效率，以及用什么办法可以解决 x 无效率的问题。不过，这个新概念的提出是相当有意思的。比如，我向学生提出一个考试问题，"资本主义国家中私人大企业的垄断权与社会主义国家中国营企业垄断权的根本差别是什么？"很多学生只答对了一半。

二、产权经济学

产权经济学也有不同的流派，让我们从社会主义国家中类似产权经济学的学派谈起吧。这个学派以匈牙利人科尔内（Janos Kornai，1928—）为代表。兰格是个学贯西东的波兰人，他本人自小以马克思主义者自称，后来在美国拿了经济学博士学位，所以可以用新古典主义的一般均衡模型，来阐发他的市场社会主义；而科尔内也是个学贯西东的人，他在匈牙利计划机关中累积了不少经验，又自学了西方的经济学理论，现任教于哈佛大学。科尔内的短缺经济学和软预算约束理论，直接与市场社会主义相冲突。科尔内强调，如果预算约束可以任意违反，例如借了款可以不还，亏了钱可以补贴，则人们根本不会理睬价格变化。人们关心价格，是因为价格通过预算约束影响盈亏。如果预算约束不是真约束，那么价格即使是对的，经济效率也不会提高。科尔内的理论没有什么高明之处，他只是用一种社会主义国家的人可以接受的方式，提出了产权制度问题。软预算约束当然与国有制有关，这个问题不解决，价格改革根本没用！科尔内不过是转个弯，提出了"私有财产制度是价格制度运作的基础"。这是一个很早就被经济学家认识到的问题。

三、关于企业剩余权利

科尔内的软预算约束理论很合中国一些青年经济学家的口味。他们前几年大力介绍科尔内的理论，甚至在抽样调查中，统计了中国国营企业预算约束的软化程度。而且他们之中有人发展出一个软预算约束理论的中国版，即早两年在中国颇有影响的所谓"产权虚位论"。当时，有几篇文章几乎同时提出了产权虚位论。这种理论称国有产权实际上是无人有完整的产权。产权的三要素——使用权、转让权和收益权被人为地在一些机构之间分割，导致没有任何机构和个人对一个企业有完全的所有权。这种理论不但与科尔内理论有关，而且与张五常教授为代表的产权经济学有关。张五常的产权三要素论通过他的中文著作，影响了不少中国的青年经济学家。

产权经济学派中另一个代表人物艾智仁（Armen Alchain，1914—2013）对企业的私有权的重要性做了不少研究。他认为，企业内部的分工协作是需要一个总协调人来监督的。但是，谁来监督这个监督者呢？谁来保证他的监督、协调是否有效率呢？这就需要一种剩余的所有权（claim to residual rights）。如果企业主对付了雇员工资和其他开支的剩余有所有权，则他就会有极强的动力来保证监督协调的有效性。所以，艾智仁将这种企业主对剩余的所有权看成资本主义企业的特点，它是一种保证 x 有效率的基本制度。

四、问题的根本

这种坚持国有制的底线，造成了许多两难的矛盾。比如，城里的国营大企业技术装备好（因为有资本市场的国家垄断），却因没有对企业剩余的私有权，所以 x 无效率极为严重。而乡镇企业正好相反，没有好设备，但 x 无效率要比国营企业低得多。于是就有了先进设备技术与 x 有效率不可兼得的两难局面。这种两难局面，是中国工业化和城市化的最大阻力之一。

另一个两难困境是，供不应求造成价格上升不能刺激供给的增长。一个明显的例子是铁路运力不足，有很高的涨价压力。但政府垄断铁路经营，一方面出于垄断利益，不愿大量增加供给，另一方面由于 x 无效率也无能增加供给。所以，如果放开铁路运输的价格，涨价的收益都会被垄断利润和 x 无效率吃掉，而不能刺激资本有效地向这个部门流动。如果政府控制价格，则价格控制造成租值流向中间商。由于资本市场的国家垄断，中间商不可能把这种租值转化为有利可图的铁路投资，所以涨价并不能改进资源配置的效率。这就造成了合理价格与社会紧张之间的冲突。涨价不会有效地刺激供给，只是徒然增加社会紧张，使消费者从过去的低价中所得的一部分好处被强行转给中间商或垄断性生产者。整个经济效率没有改进，反而制造了政治冲突。这是传统社会主义国家的通病，比如商业利润上升不一定能刺激大规模高效的专业粮食私商的发展，粮食涨价不一定能刺激粮食的供给。其病根是政府垄断了中间商业，垄断了资本市场，使中间商业不能有效地传输刺激信号。

这些例子都说明了自由进入、自由的资本市场与资产的私有权、价格制度运作及与企业剩余的私有权之间的内在关系。如果我们弄清了这些概念之间的内在关系，我们就能更好地理解中国价格改革中出现的社会紧张及通货膨胀现象。在资本主义国家，一种产品相对于另一种产品涨价就会通过资本劳力市场的运作，刺激资本和劳力，从其他部门转入这个部门，经过一段时间调节后，有效率的均衡又会建立起来。但在传统社会主义国家，由于劳力和资本市场是被政府垄断，所以一种产品涨价不一定会刺激资源配置的有效改变，而是强制把一些人从低价得的好处转给另一些人。因此，第一种调节是把饼做大，第二种调节是彼此互相抢夺有限的饼。

我在讲完企业主对企业剩余的私人所有权概念后，曾测试学生，请他们分析中国国营企业中的承包制改善效率的效果。有些学生指出，承包制类似于给予承包人一定的对剩余的私人财产权，却没有解决国营企业最上层的剩余所有权问题。我们怎么能保证国营企业的上级有动力来找到最佳承包人，并有效地协议合约条件和有效地执行合约呢？显然，承包制有可能减少中下层的 x 无效率，却无法减少上层的 x 无效率。这个答案当然还不完全，完全的答案还应包括，即使承包制能完全消除 x 无效率，它也无法减少资源配置的无效率，因为那是自由价格、自由进入、资本市场，对资产的私人所有权等一系列因素所决定的。

五、产权经济学与价格管制理论

张五常教授对价格问题背后的产权问题，有极深刻和独到的理解。在他自认为最重要的论文《价格管制理论》中指出，价格管制的实质并不是造成供求不平衡，而是把一部分租值变成任何人都可合法抢夺的"公共财"。比如，政府管制火车票，表面上造成火车票供不应求，实际上政府等于宣布市价和官价之间的差（租值）是可以合法偷抢的公共财。谁得了一张票，谁就无偿地得到了这个租值。因此，价格管制实际上是号召人们去偷抢租值。于是，人们去排队企图得到这种"无偿"的租值。这种抢夺租值的行为，大家会打得头破血流，使租值被争抢的损失完全抵消。

为了避免这种被张教授称为的"租值耗散"，人们的自利行为会建立起一些较和平和较有效地争抢租值的规则，例如排队、先到先得就是一种规则。在这种规则下，人们可以发现，专业排队是节省时间、提高争夺租值效率的有效办法，于是专业倒卖车票的人会出现，以改进分配租值的效率。如果政府限制倒卖，则会使更多的租值在无效率的排队中耗掉。

那么，政府为什么要玩这种游戏呢？按照张五常的产权理论，这是因为只有这样，政府才会制造出一种不受私人财产支配，而受政府支配的"公共财"。例如，如果市价和官价没有差别，那么企业没有理由要把产品卖给计划机关。官价与市价不一样，政府可以威胁企业，如果你不以官价卖给我，我就不以官价给你原料。只要政府对一些关键大企业的控制有效，则政府就可以用这种办法来控制相当的租值，用这种租值来控制所有企业。如果没有市价与官价的差别，则政府不可能直接控制租值，而只能在市场上与别人平等竞争，国营企业的垄断地位也就危险了。所以，故意歪曲价格，制造可以由行政当局操纵的租值，是维持国营所有制垄断的一种手段。

正因为政府通过官价市价差，控制了相当的租值，所以人们由于害怕无谓抢夺造成租值耗散，不得不依赖政府用行政权力来分配这种租值。用等级特权分配租值的竞争规则，毕竟比打得头破血流的争夺更有效率。由此，政府就用它控制的低价房屋、食品及其他物资，来通过一个等级特权制，控制整个国家和经济。按张五常的看法，中国的产权，也是按一定规则分配的，只不过这个规则不是私人财产权，而是一个人在这个社会等级制度中的等级。另外，由于国家通过这种办法，控制了很大的租值，所以，它可以用手中的租值，来控制属下的官员，再通过官员来控制企业。

张五常的这种产权理论，比科尔内的软预算约束理论要深刻得多，新鲜得多。他揭示了国有制与价格管制（或价格歪曲）之间的内在关系。国有制和计划经济的垄断地位，以价格歪曲造成可用行政手段控制租值，而对这种租值的控制权，是国有制和计划经济的命根子。因此，以国有制为基础的价格改革本身，就是矛盾的命题。这种改革是不可能真正"理顺价格"的。

六、宏观政策与微观控制的关系

分析中国的宏观政策就会看出,中国没有西方的真正宏观政策。西方的宏观政策不控制产品的相对价格。政府让市场决定相对价格,然后由货币供给和财政政策调节总量。但中国由于政府操纵价格,以便用行政方法控制租值分配,所以,政府政策几乎都直接控制微观经济的进行;而加强政府宏观控制,几乎完全意味着微观经济的歪曲增加。如上所述,由于相对价格调整造成社会紧张,而政府的货币供给政策又与政府对相对价格的控制有关,所以,中国的通货膨胀,不纯粹是货币现象,它往往与制度造成的冲突和微观经济中种种两难冲突有关。这种宏观调控与微观歪曲的关系,可从中国的汇率政策看出来。中国最近把人民币汇率调到接近市场的水平,这是一个非常积极的政策。但是,中国外贸盈余(或逆差),并不一定对人民币贬值很敏感,原因是政府对外贸的垄断,切断或减弱了刺激信号的传输,且国营企业的 x 无效率,更进一步限制了供求对汇率的反应能力。所以,单纯的正确率政策,并不能产生我国台湾 20 世纪 60 年代汇率政策改革的惊人效果。

另一个例子是,中国政府所谓的鼓励高科技出口部门的"宏观政策",其实是一种微观干预。这种干预显然违反中国在国际市场的比较优势。中国的比较优势,在于劳力便宜方面,应该多出口鞋、衣物等劳力密集的产品,进口技术、资本密集的产品;日本 50 年代初曾制定产业政策,想干涉微观经济。例如,政府宣称日本在汽车制造上没有比较优势，全国顶多只能有两个汽车制造厂等，这些微观干涉，显然是错误的。但因为私人厂商有最后的决策权，这种错误干涉马上被私商的抵制纠正了。但中国却不同，政府这类微观干涉，是非常有效的，国营工厂很难抗拒，也没有动力去抗拒微观干涉。

从这里我们可以看出，国有制与出口导向的经济发展模式，是有很多不相容的地方。韩国等的经验证明，国有制对出口导向模式的成功与否起关键性作用。例如，韩国一直放任私人发展汽车工业，汽车工业很快形成出口优势，所以，发展民营企业与开门政策相配合，就能使肥水不流外人田。

七、经营权与所有权的分离

另一种与中国改革有关产权问题的理论，由诺贝尔经济学奖得主斯蒂格勒（George Stigler，1911—1991）提出。他的理论针锋相对地批判"管理权与经营权相分离"的理论。"两权分离"的理论，是由米恩斯（Cardiner Means，1896—1988）于20世纪30年代提出。他认为，现代的公共持股公司，已是一种公共所有制。在这种公司里，私有财产权已变得不重要。公司经理的管理权变得比股东的私有财产权更重要。斯蒂格勒认为，这是一种对私有财产权的误解。企业经理的私人财产是他的管理知识，而股东的私人财产，是他们的财务资产。经理对其管理知识有所有权和经营权，而股东对他的财务资产，也有所有权和经营权（他们可以决定是否买卖股票、向谁买卖、委托谁买卖等），这里没有管理权与所有权的分离，都是完整的私有财产。股东与经理之间的关系，是不同的私人财产之间的交换关系，他们用管理知识交换财务资产。这是完全的私有财产之间的交易，只是交易方式特别而已。因此，斯蒂格勒认为，两权分离是一个容易误导人的概念。这种看法对中国的股份化试验显然非常重要。按这种观点，国有股份公司，无非是搞了一个新衙门而已，它与资本主义的股份公司毫无共同之处。因为，西方的股份公司，是基于私人财产权，而且是一种非常复杂的私人财产制度；而国有股份公司很像清朝末年的官督商办企业，它是不可能在 x 效率方面，与一家资本主义的股份公司相比。其原因在于一家资本主义股份公司的股东，持有对公司的剩余私人所有权，而这种剩余的私人所有权，是提高公司最上层机构效率的原动力。

与所有制有关的改革，还涉及工人所有或集体所有的企业问题。中国政府属意于工人所有制和集体所有制（有点类似南斯拉夫的工人所有制）。但新古典主义微观经济学对工人所有制企业的运作，已有相当成熟的理论。这种理论认为，工人所有制企业的目标函数，是人均利润最大化，而资本主义企业的目标函数，是总利润最大化。数学上很容易证明，人均利润最大化决策会有意限制就业，使利润最大化的潜力不能被充分利用，而且当集体企业人数增加时，把人均利润最大化的动机也会减弱，使 x 无效率增加。

八、侵犯财产权的后果

中国经济改革中的所有制问题，远比工人所有制造成的问题更为复杂。中国城市改革中强调放权让利，给厂长松绑，这种改革往往造成混乱，弊大于利。根本原因很复杂。一个原因是产权结构不清楚，放权就变成了侵权。企业经营效果肯定与以前企业的投资决策相关，这本来不是厂长的责任，怎么可能要厂长负责呢？在资本主义企业，厂长的老板及投资人对此负责；而中国的国营企业，谁是老板，谁是投资人就不清楚了。另外，工人的工资应该以劳动力市场的供求决定，它与工厂投资决策正确与否及经营是否得当没有直接关系，而中国的放权让利改革，却让工人工资与工厂投资效果和管理效果直接挂钩。这种改革实际实行的后果是，投资效果好的工厂，厂长和工人用合伙发奖金的办法，侵犯了投资人的权利；而投资效果差的工厂，厂长和工人合伙拒绝承担投资人应承担的责任。于是，放权让利在产权结构不清楚的条件下自然是一片混乱。

另一个复杂的问题是，设计者之所以要用种种规章制度卡厂长，是因为他们知道，在没有私人财产和自由竞争下，厂长和工人的确会侵犯政府财产。因此，在没有私人财产和自由竞争时，"管、卡、压"往往都是一些必要的制度；而放权让利的改革，却把这些制度破坏了，因此一些改革措施，往往刺激了侵犯财产和所谓短期行为。

九、分析中国经济问题的新理论

笔者在上文中介绍了一些应用当代经济学理论，分析中国经济问题的方法，这些方法有相当大的局限性。比如，传统经济学不可以解释经济组织和经济制度的演进。在传统经济学中，经济制度、经济组织和企业都是给定的，不能由经济因素本身去解释企业的出现及经济组织的演进。此外，传统经济学也不能用经济因素去了解技术进步，也不能解释经济组织、经济制度与技术进步之间的关系。这些问题都是我们理解中国经济的关键。

最近，笔者在美国多本经济学专业杂志发表了几篇论文，并与黄有光教授在《对经济分析的贡献》丛书中，发表了一本经济学专著——《专业化与经济组织》，提出了一种可用来分析中国经济的新理论。

（一）新理论的要点

现有的经济学理论中，往往不能解释经济组织与生产率之间的关系。一方面，大多数经济模型假定生产技术呈不变规模报酬，所以，经济组织对生产率没有影响；而生产率的进步，只能用经济学无法解释的外生技术进步来加以说明。有些经济模型虽假定规模经济，但是，工厂的生产规模并不一定代表经济组织的分工和专业化水平。一个大工厂可能内部分工不细密，专业化水平不高。另一个小工厂可能有非常高的专业化水平。此外，有规模经济的模型，大多数并不能解释分工和专业化水平对生产的影响，因为现有的经济模型大多数假定社会分为两部分：一部分是纯粹的消费者，他们不作生产决策；另一部分是纯粹的生产者，他们不作消费决策。之所以有这个假定，是因为经济学在 20 世纪 30 年代数学化时，经济学还不知道如何处理决策问题中的"角点解"。如果每个人既是生产者，又是消费者，则他的最重要决策是多少产品自给自足，多少生产应牵涉分工与交换。这个决策往往选择角点解，例如农民不生产拖拉机，工人不生产食物，而自给自足的人什么都生产，却不买不卖。这都意味着角点解，即有些生产活动水平或买卖水平是零。经济学家在 30 年代，只知道边际分析，即一种解内点解的数学方法。所谓内点解，就是对于最优决策，所有变量都不是零。笔者的工作就是发展一套解角点解的市场均衡模型的方法。在笔者的模型中，每个人既是生产者又是消费者。作为消费者，每个人喜欢多样化的消费；作为生产者，他们喜欢专业化的生产。每人的最优决策总是角点解，所以边际分析不适用。由于有专业化生产与多样化消费的冲突，所以，有专业化经济效果与交易费用的矛盾。生产率水平由劳动分工水平决定（劳动分工水平与商业化程度、贸易依存度及市场大小有关），而市场均衡的劳动分工，由交易效率决定。如果交易效率低，则分工的好处小于交易费用的坏处，所以，人们选择低分工水平及低生产率；如果交易效率高，则分工的好处大于交易费用的坏处，所以，人们选择高分工水平及高生产率。由于交易效率由制度、政策、交易技术、城市化等因素决定，所以，我们可以用经济制度、政策、交易技术等来解释分工水平及生产率水平。

（二）组织效率影响生产力

按照笔者的理论，经济效率不但有资源配置效率问题，还有个组织效率问题，资源配置效率只与各种产品的相对比率有关，而与总的生产率水平无关。换言之，资源配置效率的改善，并不一定会产生由全要素生产率（total factor productivity）增长代表的技术进步。但组织效率却直接影响全要素生产率的高低；而经济组织效率又由交易效率决定，交易效率又受体制安排及政策影响。

笔者与博兰（Jeff Borland）在美国经济学杂志《政治经济学学报》上发表的一个动态市场均衡模型证明，基于通过实践学习而产生的专业化经济与交易费用之间的你消我长（trade off）关系，可能会形成一种经济机制，这种经济机制可用来解释劳动分工水平、商业化程度、市场规模、生产率水平的演进过程。笔者的模型证明，一个基于私人财产制度的自由市场最重要的功能，不是有效地配置资源，而是有效地发展经济组织和发现有效率的体制安排。

笔者有一个模型，专门把张五常的企业理论变成了数学模型。按照这个数学模型，劳动分工是企业出现的必要条件，但不是充分条件。如果人们在生产最终消费品和中间产品之间分工，则人们可以选择不同的交易方式组织分工。如果用消费品交换中间产品，则企业是不需要的。如果生产消费品的人不买中间产品，而是雇用工人的劳动，并命令工人在工厂内专业生产中间产品，则以分工为基础的企业就出现了。所以，企业的出现，是用劳动力市场代替相关的中间产品市场，而不是用计划代替市场，这种理论是张五常对科斯的企业理论的重大发展。科斯曾声称，企业是以工厂内的计划组织代替市场。笔者的这个模型证明，一个基于私人财产的自由市场，会自动找出效率高的交易方式来组织劳动分工。如果劳动交易效率高于中间产品交易效率，企业就会出现，如果中间产品交易效率高于劳力交易效率，则中间产品市场就会代替劳力市场。根据各种产品、资产交易效率的特点及给定的法律制度环境，市场会有效地解决企业组织和交易方式的问题。

（三）劳动力分工演进的作用

笔者的理论可以应用于对中国经济做多方面的分析，由于篇幅所限，下文只针对重新思考苏联式社会主义经济制度的本质。

由于笔者的理论强调劳动分工的演进在经济增长中的作用，并且强调对交易组织方式的选择对分工演进的重要性，所以，我们可以从一个非常独特的角度，来观察苏联式社会主义经济制度问题。

首先，我们可以看到苏联式的社会主义制度，是一种组织和促进劳动分工的特别方式。西方经济用自由契约和市场，促进了分工和复杂的组织的演进；而社会主义制度在 20 世纪 30 年代的苏联和

50 年代的中国取得一定程度的成功，就是相当有效地模仿了西方工业化国家分工演进和企业制度演进的过程，苏联曾相当系统地模仿了西方的大批量生产方式、专业化生产方式，相当复杂的企业和公司组织等等。但是，这种模仿不是通过市场，而是由一个计划机关领导来模仿。一旦有了劳动分工和企业制度演进的榜样，计划制度模仿这个过程是可行的。苏式的优先发展重工业和强制提高积累率的政策，都是对西方国家重工业发展快于轻工业，以及投资率在起飞时期迅速提高等过程的模仿。

对于落后国家或地区而言，有一个发达国家在工业化过程中没有的机会——这就是所谓出口替代的机会。由于落后、收入低及劳力便宜，所以，落后国家或地区可以为发达国生产劳力密集的制造品，以交换资本、技术密集的产品，利用比较优势加速工业化。东亚的四小龙就是走这条路。这种新的工业化模式，显然是无先例可模仿，因为发达国家工业化时还没有这种机会，而四小龙却采用私有财产自由市场制度，看不见的手自动找出了这种新的工业化模式。以台湾为例，政府 20 世纪 50 年代根本不知道什么叫出口替代，只是推行自由化国际化政策，让市场发挥出口什么、进口什么和选择什么组织的作用，结果市场自动进行制度和组织创新，成功以后，才有学者将之总结为出口导向的工业化模式，并声称这是政府的功劳。其实，政府所做的事情，只是从干预经济的活动中退出来，让市场充分发挥作用。

建议阅读书目：

杨小凯：《新兴古典经济学与超边际分析》，社会科学文献出版社，2003 年。

杨小凯：《杨小凯谈经济》，中国社会科学出版社，2004 年。

张五常：《卖桔者言》，信报有限公司，1984 年。

张五常：《中国的前途》，信报有限公司，1985 年。

Borland, J. and Yang, X., Specialization and a New Approach to Economic Organization and Growth, *American Economic Review*, 1992, 82, 386-391.

Coase, R., The Nature of the Firm, Economica, 1937, 4: 386-405.

Lange, J. and Taylor, F., *On the Economic Theory of Socialism*, New York: McGraw Hill, 1964.

Ng, Y-K. and Yang, X., Specialization, Information and Growth: a Sequential Equilibrium Analysis. Working Paper, Department of Economics, Monash University, 1994.

Yang, X. and Borland, J., A Microeconomic Mechanism for Economic Growth. *Journal of Political Economy*, 1991, 99: 460-482.

Zhang, J., A Dynamic Monetary Model of Endogenous Specialization, In K. Arrow, Y-K. Ng, and X. Yang eds. *Increasing Returns and Economic Analysis*, London Macmillan, forthcoming, 1995.

特许连锁经营及其运作案例

（2004 年）

特许连锁经营（Franchise）不同于连锁店（Chain of Store），前者是总店，并不拥有分店的所有权，分店主是独立的企业家和财产所有人；而后者，总店是分店的所有者，所以总店和分店之间是一个企业中不同层次的关系。在特许连锁经营中，总店向分店主收取一次性特许费（一般是一笔固定金额）和经常性特许费（一般是分店营业额的一个百分比）。总店和分店之间合约的特点是，总店对分店经营方式一般用经营手册下达指令性计划，对店面设计、经营方式等与总店店名、商标有关的事务，总店对分店有极大任意处置权，不少合约规定总店对此若有不满，可以中断合约。而合约中往往规定分店与总店的关系中断后不得利用总店的知识产权来与此连锁经营网竞争，尤其不准在一定年限内以任何方式在其曾运行的区域与此连锁经营网竞争。

在企业制度与专利制度之间

这些看似有违公平竞争原则的合约其实是由特许连锁经营的特点决定的。特许连锁经营是介于企业制度和专利制度之间的一种组织分工的方式。按照杨小凯和黄有光的企业理论，专利制度是直接在市场上买卖知识产权的制度。而对于很多不能直接在市场买卖的非常不可触摸的知识产权，例如管理知识，一般是用企业的剩余权制度来间接买卖。企业家的思想不直接在市场买卖，但给付员工后企业剩余就是企业家思想的间接市场价格。而特许连锁经营是介于知识产权的完全市场买卖（专利）和产权的完全非市场买卖（企业）之间。在一个特许连锁经营网内，总店向分店直接卖知识产权的使用权，其方式主要是固定收费和经常性收费。这两项费用相当于专利费，它并不一定伴随有形产品转手，而是知识产权使用权的价格。一旦分店与总店的关系中断，分店老板不得以任何形式在此范围内经营，而特许经营手册中有意将分店的设计和投资变成只可用于此特许的经营，不宜移作他用。所以一旦双方关系破裂，分店的初始投资（"计算机天地"的此投资额在 1987 年平均是 25 万英镑）可能大部分收不回。这种所谓"资产特异性"投资成为总部执有分部的"人质"。

如果总部提供的无形资产真正有很高市价，则分店就会明知总部执有他的人质，也会购买特许权。所以，在西方国家，总店分店都极少引用合约与对方争议。由于巧妙的合约设计，使得真正引用合约的机会反而减少，因为双方的激励机制产生了双方足够的良好愿望。

知识产权的买卖有极高的内生交易费用，分店可以用违反操作规定破坏总店商誉，可以用假设销售额减少应交的特许费。用经济学的话来说，分店持有总店的重大"人质"，一旦双方发生纠纷，总店知识产权极易受损。所以，总店与分店之间的合约，往往对总店的任意处置权有些特别规定，并对分店有些看似有违公平竞争原则的限制，这就是说使总店反过来也持有分店的重大"人质"，因而使双方都不愿轻易破裂上法庭。这种重大人质之一是规定分店的经营地理区域。例如"计算机天地"规定分店经营区域为1英里半径范围，所以特许连锁经营是一种将知识产权一半进行市场直接买卖，一半通过企业进行间接买卖的制度。值得注意的是，总店与分店之间是独立业主之间的关系，而不是企业内老板与雇员的关系，所以是一种市场关系。故而不少特许连锁经营的行业都有以下特点，总部卖给分部的无形资产，不能用专利法保护，但却比一些交易费用极高的无形资产较易在总部与分部之间买卖。

早期的特许连锁经营特点

早期的特许连锁经营是销售一个非常成功的产品时用来集资和扩大推销网的。利用批量效果，以对分销商折价的方式降低销售成本。例如，福特汽车公司的特许连锁销售网，与连锁店相比，它的优势是：总店不必自己有很大资本，就能利用分店主的集资能力迅速扩大销售网，而且由于分店老板是独立企业主，所以比总店的雇员更有激励经营业务，使总店监督费用下降。但自20世纪六七十年代以来，由于分工在生产经营知识中的加深，每个行业的经营知识的提供都成为一个专业，可以用特许连锁方式将专业经营知识由总店向分店销售。特别是商业信誉成为市场买卖的对象时，特许连锁网成为大规模销售商誉及其相关知识产权的有效方式。

商誉的生产有无止境的规模经济，主要表现在客源的开发中，顾客由于分工加深，搜寻不同专业产品的交易费用上升，可以通过认品牌节省交易费用。这反过来让使用总店名字的分店节省开发客源的交易费用，这是分店愿付特许费的一个主要原因。

生产中分工的加深，使专业经营的分工加深有了更广阔的市场。加上商誉是用来节省机会主义造成的事后交易费用的手段，所以使得特许连锁近年成为发展生意的重要组织方式。特许连锁网种类数和涉及的行业数都成几何级数上升。有不少行业都形成非特许连锁不能赚钱的局面。而且很多人从不认为能买卖的无形资产都通过特许连锁制度商业化了。例如，中国人的武术教育，日本人的柔道，帮政府用计算机软件查税，等等。可以说第一次工业革命是由企业制度创造的，而新的知识产权商业化引发的革命是由特许连锁制度制造的。

以美国的汽车行业为例，过去汽车修理都是由非专业化的修车行进行。过去 10 年以来，修车行业分工迅速加深，不但专修消声器和各种部件的专业特许连锁网出现，而且有专门换机油，专职查故障的汽车"医生"特许连锁网。以"精细验车"特许连锁网为例，其创始人发现一般修车店经常有利用车主无专业知识进行敲诈造成极高事后交易费用的情形，所以 1976 年他创立了精细验车特许连锁网，向分店销售他组织修车经营的一种模式。他的精修店只验车，使用专业工装设备。技术员经过专业培训，查出车的问题后，如果事后不是此问题，精修店可以免费再查再修。他用这种方法建立起"无欺"信誉，使事后交易费用大减，因而顾客大增，加上利用专业化工装设备的经济效果，以比其他店低得多的价格创造了更高利润。加上这种保修制度在全美 40 多个州的特许连锁网内通行（一个分店的问题可由另一分店保修）。这种网络效应的利用，使信誉上升、成本下降、顾客增加等交互促进，精细验车成为 600 家最好的特许连锁网之一。

特许连锁经营的成功关键

由于特许连锁自 20 世纪 70 年代以来成为半市场化销售专业经营知识的工具，所以总店的无形知识产权的保护是其成功的关键条件。这与早期的特许连锁不同，早期的特许连锁，总店主要靠控制产品来控制分店。例如，福特公司控制了汽车，所以较易控制分店，但新的特许连锁，例如麦当劳，总店基本不向分店卖有形产品（原料往往也由独立供应商提供，这些供应商与总店的关系类似其他分店与总店的关系，有些特许连锁总店还允许分店自择供应商，并不强制分店买总店的原料），而主要靠向分店卖知识财产赚钱。

大多特许连锁分店，都是一般老百姓通过抵押贷款能买得起的。所以想当老板的一般人的投资能力也是特许连锁网设计的要件。大多特许连锁分店初始投资在 10 万美元以下，而一般美国人、澳大利亚人都能用自己的房屋做抵押，通过分期付款贷到 10 万美元以上投资。特许连锁经营对一个发达的资本市场依赖性非常强，分店的筹资能力就与发达的资本市场有关。但西方国家的经验说明，总店已有的信誉资产在资本市场不发达时对分店的筹资能力反而更重要。

特许连锁依赖分工的加深，而分区的加深依赖一个广大市场内交易费用的低下。美国的巨大市场和州与州之间交易费用低是美国成为特许连锁王国的条件。中国有广大的市场，人口是美国的数倍，同种同文，交易费用不高，但与制度、运输、通信条件相关的交易费用却相当高。所以，特许连锁的开发有赖于交易费用的进一步降低。但特许连锁本身就是降低无形资产交易费用的方式。

从特许连锁网案例看其特点

下面我们用特许连锁的案例说明这种经营方式的特点。

房地产特许连锁网"二十一世纪"

每年销售约 70 万幢别墅，创立于 1971 年，同年开始特许连锁经营，20 世纪 80 年代中期由总部设在纽约的"都市人寿保险公司"收购用来扩展该公司的抵押房屋贷款分期付款业务。平均每年此网增加 400 家分店，以惊人速度发展。现在加上都市人寿保险公司的实力和信誉，更是如虎添翼。

此世界性网络以销售总店信誉和利用网络效应为主。其标准的分店一般位于闹市区——商业或零售中心，有两个或更多雇员。分店代理房屋买卖、带客看房、代理租房、代理拍卖房地产，自己也从事直接房地产买卖、投资。顾客包括一般买卖物产的个人、家庭和公司。

总店对分店收初始特许费 12000 美元，每月经常性特许费是分店营业额的 6%，并收每月广告费占营业额的 2%，所以总共每月资费是营业额的 8%。而广告的极大规模经济及信誉给开发客源节省的交易费用是分店得到的主要好处。总店对分店提供 4 天培训，食宿旅费由分店自理。教材包括客源开发、顾客关系、特许连锁经营政策和程序、销售、广告等。总店一般不对分店预计收入做见诸文字的估计。总店协助分店选择店址，并定期巡视分店给予业务指导及解答难题，并提供在职培训，定期业务讲演，以及分店店主大会交流信息。房屋抵押贷款也可以从拥有"二十一世纪"的母公司得到。总店主并不直接为分店提供建立分店所需资金的协助。分店主必须准备 3 万美元左右用来租店面，付初始特许费（12000 美元），按操作手册使门面标准化，购买设备，从总部购买足够的促销材料，标准合约，给地方广告用的标准广告设计等。分店主必须有房地产经营执照并有房地产经纪的经验。

合约是 5 年，5 年后可由分店选择续约。分店并没有其他行业常有的辖区内独销权。

商誉与无形服务

下面我们用特许连锁经营案例做一下跨行业比较。特许连锁经营主要分为产品推销网和以售卖无形知识产权或信誉产权为主的商标网两种。有人也将售卖无形资产的特许连锁分为以售卖商誉为主和以售卖无形服务为主的两类。

1. 产品推销网有如下特点

半数以上总店不要求分店付初始特许费，极少数总店要求分店交经常性特许费，一般在销售额的 3%。绝大多数总店给分店定销售额指标，超额者总部给分店奖金。半数以上总店要求分店专卖特定产品。这类推销网一般与名牌产品生产商有紧密联系，汽车联销网是典型的例子。

汽车制造商声称此网络的长处是专业销售与生产之间的分工改进了效率，而分店的独立所有权减少了监督费用。网络效应，特别是统一广告对开发客源的网络效应得以充分利用。大批量售卖的好处也通过折价使双方获益。总部的收入主要来自产品的价格和销量。

不少这类网络对分店的辖区有严格定义，不准一个分店主有 5 家以上的分店，不准在辖区外做广告。有的网络不准总店向非网络的厂商销售产品。分店主投资额一般相当高，在数十万美元以上。

但卖百货日用品的特许连锁分店，一般要交初始特许费和经常性特许费。一般初始特许费在 2 万美元左右，而经常特许费加广告费，大约在销售额的 7%。

2. 销售无形资产的特许连锁经营特点

一般总店主要靠初始和经常特许费获得收入。初始特许费一般在 1 万 ~ 2 万美元，经常特许费加广告费占分店营业额的 5% ~ 15%。

但一间分店的初始投资需求因行业而异，像汽车旅馆或 Holiday inn 之类的旅馆业，一次性投资要求较高，在几十万至数百万美元之间。租车行业，一间分店初始投资也高达 25 万 ~ 100 万美元，主要用来租办公室、停车场、支付初始特许费、设备标准化、买车及其保险。其他行业初始投资在 2 万 ~ 4 万美元。合约期一般在 5 ~ 10 年，期满后，视分店主守约情形，总部决定是否续约。

半数以上这类网络要求分店不能经营他业。而分店主一般认为，总店要求的特许费是提供无形资产必须的。只有少数分店主认为总店从特许费赚钱过多。也有少数总店要求分店付固定数额的每月特许费或固定的每月广告费。

有些会计、财务、律师特许连锁网的总店不要分店付特许费，而直接从顾客账单上扣除服务费。不过绝大多数总店都要求统一的发票制度，一式三联，一联给顾客，一联给分店，一联给总店。总店通过对发票的严格控制，来控制销售额的统计，以作为特许费的计算基础。

每个特许连锁总店单从每月特许费这一项中，每年都能获得净收入数十万或数百万甚至数亿美元。

各行业案例

下面我们从个别行业选择案例做报告。

特种服务业

Grease Monkey 特许连锁网

此网专营为汽车换机油的车间（分店），于 1978 年创业，并于当年开始特许连锁经营。此网曾有非常成功的广告战，以"我们真的使你润滑"口号名噪一时。成功的经验包括标准化的换油车间设计，标准化的高效专业工装设备，以及标准化的工人操作程序，使换机油在极短时间内（10 分钟）以极低价格（20 多美元）完成，适应了广大开车族时间宝贵，定期换机油又必不可少的市场需求。每个分店年营业额在 30 万美元左右。每间分店初始投资在 5 万～9 万美元，包括 0.8 万～3 万美元的初始特许费。每月特许费为营业额的 5%，广告费为营业额的 4%，合约期为 10 年。分店没有辖区独销权。此网曾经历过一次破产危机，经过整顿经营，降低价格和特许费，最终再获成功。以目前 100 家分店计算，总部每年从特许费中就能获净收入 150 万美元。

教育业

Arthur Murray 舞蹈学校

1912 年创业，1938 年开始特许连锁经营。分店是舞蹈学习班，主要教授古典式交际舞。分店主可从总部的舞蹈学校接受专业训练，并利用此网络的信誉和广告获得客源。目前共有 200 多家分店。一间分店的初始投资在 3 万～8 万美元，每月特许费在营业额的 5%～8%，合约一般为期 3 年，可续约。

旅馆业

假日旅馆（Holiday Inn）

创始于 1952 年，1954 年开始特许连锁经营，分店开办投资是每间房在 5 万 ~ 7 万美元，加上初始特许费 3 万美元。每月特许费加广告费占分店营业额的 5.5%。成功的原因包括拥有一个全国推荐介绍业务网，并与主要旅行经纪行和航空公司计算机系统联网，以及非常进取的广告攻势。每间分店的年营业额在 200 万 ~ 500 万美元。以现有 2000 家分店计算，每家分店平均 300 万营业额，每月特许费 4%，总部年收入就是 3.2 亿美元。

快餐店

Pizza Express（薄饼店）

创业于 1965 年，1972 年开始特许连锁经营。最初决定特许连锁是因为店内一位能干的经理要另谋高就。老板为挽留他，而将特许连锁权卖给他。此经理自己当了老板，也就留下来大展拳脚。此网成功的要诀，是用特殊设计将其与其他快餐店相区别，利用信誉生产的无限规模经济，以及网络的巨大收益效应。

薄饼店提供古典奶酪饼，并为顾客创造一个真正饭馆的舒适环境，早期主要服务商务午餐、电影前后的餐饮。全网有集中性的原材料仓储供应系统，以充分利用大批量购销的规模经济和网络效果。分店主可拥有高达 8 间分店，但不能将特许连锁权再分销承包给他人。

总部的标准操作手册，以及监督分店保证标准化服务对成功至关重要。分店只能从总店购买原材料，总部提供 8 周的专业训练，并为分店经理、员工提供不断的培训。受训员工自理食宿、交通。

分店在总部支持下自理本地广告，但广告模式由总部规定，并且总部对广告内容具有任意处置权。分店开办投资需约 10 万英镑建店，10 万英镑其他开办费（其中 50% 是分店标准装修设计费，25% 是初始特许费）。所以，这类分店主如离开此网，很难收回初始投资。这保证了分店主对此网络的承诺极大，专业化的稳定性得到保障。

连锁经营合约内容非常繁复细致，长达 31 页，而且非常正式。其突出特点如下：

分店店址和房地产必须通过总部租赁，这是其他类似合约中少有的。在特许连锁业中这类安排多为私下同意而不写入合约。早期此网并无此条件，这一条款可被总店用来保持网络形象不因分店主离开而受损，也使总店有机会从租金等方面从分店获取收入。合约为期 10 年，可续约 10 年，每月特许费为营业额的 4%。每间分店必须保证 2 英里半径内没有其他分店经营。分店必须购买 25 万英镑的公共关系争端责任保险。一旦分店因融资和公共关系纠纷受法律处罚，总部可用此保险免于损失。广告费为营业额的 0.5%。经分店同意，总部可修改合约内一些付费条件。

总部对分店的售卖有第一否决权，经总部同意，分店可被卖掉。卖店时如对财产价值有纠纷，合约规定强制调解安排，并指定了强制调解者。除此之外没有纠纷强制调解安排条款。分店主死亡时，继承人有权继承，8 个月无人继承，总部可中止合约。如任一方违约，他方可提前 30 天通知而中止合约。但在分店资不抵债时，总部可单方面不经通知而中止合约。分店拖欠特许费必须加付高于银行的利息。分店可将价格定得低于总部规定的水平，但不准比其高。

没有直接的保密条款，但与此有关的条款是对分店保护商标的要求。私下协议主要有两点：一是总部从未真收广告费，正式合约中规定不实行其条款并不意味免除双方实行此条款的义务，所以不收广告费，这也并不意味取消此条款。可能的原因是总部以此吸引更多的潜在分店主。二是私下对辖区划分有理解，但在正式合约中却没有详细规定。这显然是受公平竞争法有关规定限制。

总部尽量避免引用合约解决纠纷。因为这意味着互信的终结。而整个产权结构使总部有很大压力要处好与分店的关系，因为分店数量是总部收入的关键因素，知识产权生产的无限规模经济意味着分店数量增加，净利就一定会增加。分店每周报告营业额。总部因控制原料供应，所以很难被骗。总部有个集中的提意见系统，这对进行欺骗的分店是种制约和威胁。

由于总部持有分店的重要"人质"（大额资产特异性投资），所以分店主比一个公司内的经理更不倾向于欺骗。而分店内，分店老板有极高权力监察雇员不诚实的行为。总店每月随机抽查分店的经营标准，往往化为顾客突然检查。纠纷不多，两个纠纷分别是某分店主想装修店面，比标准便宜，而另一个分店主不愿卖某一规定的产品。前例造成总部中止与那个分店主的合约。

　　此例说明特许连锁中总部对分部的监督比同一公司内老板对经理的监督容易。这与中国人认为监督分店不易的观念相反。此网的经验证明，强制购买总部的原材料并没用来剥削分店。一方面是因为大规模专业化供应网络提高了效率，使分店进货价低于其他来源；另一方面，特许连锁的产权安排使总部没有剥削分店的动机。它只能用互利的交易来吸引更多分店主，以充分利用知识产权生产的无限规模经济及网络效应。所以，强制从总部购买原料和租店面主要是为了用不高的监察成本控制质量标准和充分利用网络效应和商誉生产中的无限规模经济。

　　一个分店主声称，他从此网络的商标获利不少。他过去是个自我雇用的小业主，但在这一行，非特许连锁的店一般很难维持3年以上，失败率很高。即使像能长期生存的中国餐馆，如果把老板自己劳力的市价算进成本，则大多是亏本的。此业主去参访了薄饼总部一次，马上决定买一家分店。开张后，他认为他的责任是交特许费，按标准操作手册维持服务标准，而他期望总部保证其他分店维持同样标准，不败坏此网名声。总部在开业时极有帮助。此分店主认为初始特许费包含相当利润，但分店对此乐于接受。因为生意实在好，使他从事此业的失败风险很小。但分店会与总店争辩要买其他来源的原料，并保证不降低标准。总部的答复是，即使你能买到更便宜的原料，但总部监督各分部原料质量却需另一笔费用，所以最后还是维持向总部统一进料的安排。

　　此薄饼网连锁生意兴隆的一个证明是，接洽开办分店的人数急剧增加，现有的分店主也有不少要求增开分店，但总部一般并不希望一个分店主开 3 家以上的分店。

由于特许连锁近年大行其道，特许连锁网协会也在各国成立。专业推销各种特许连锁网的行业和出版宣传物也纷纷面世，使商业组织发生革命性变化。

香港很易看到的杂志 *Entrepreneur* 就是一本专门推销各种连锁网的月刊。此月刊的中国内地中文版权已被北京一家官方报社买去，但却迟迟不见中文版的发行。如果内地人民有更多机会买分店权，中国的失业问题可以大大减轻。

网络经济电子商务的超边际分析

（2001 年）

要了解网络经济，我们首先要了解什么是网络效果以及什么是网络决策。网络决策是指一个决策者对与他人是否建立关系的决策，它被称为超边际决策，不同于决定买卖量的边际决策。超边际决策是种"有"与"无"的决策，而边际决策是在对某一活动选择了"有"以后，再决定活动水平高低的决策，或者关于"多"与"少"的决策。

有一个不太恰当的例子，一个女人决定是否嫁给一个男人，或者是否与丈夫离婚的决策就是超边际决策，而已决定与他结婚或不离婚，在婚姻关系内搞好夫妻关系就是边际决策。一个人大学时选专业也是超边际决策，他做此决策时对某一专业（例如经济学）说"是"，而对其他专业（例如化学、物理学）说"否"。所有学生的这类决策决定一所大学的专业设置网络结构，所以是一种网络决策。传统的边际分析对这类决策不适用，而需要应用超边际分析。他选定经济学专业和要上的课以后，再将有限时间在所有选定的课之间分配的决策就叫资源分配的边际决策。传统的边际分析可用于这类决策。

边际分析中，所有决策变量都取内点值，它是决策变量可能的最大值与最小值中间的一个值。这种边际分析就是只允许内点解的古典数学规划。而超边际分析允许内点和角点解，角点解就是有些决策变量取其最大或最小可能值。超边际分析对每一角点和内点解用边际分析法求解，将目标函数在给定角点或内点内最大化，然后再用总费用—效益分析比较所有角点。内点解中的局部最优目标函数值以选择全局最优解。这种超边际分析就是 20 世纪 50 年代发展起来的非线性规划及其他非古典数学规划。

网络决策只能用超边际分析，而传统的边际分析不足以处理网络决策问题。

由于网络决策影响到社会分工网络的拓扑性质，所以又叫拓扑决策，而给定网络模式选择买卖量属于选择经济组织的非拓扑性质，所以边际决策又叫非拓扑性决策。拓扑性质是关于每两个个体之间是否有联结的经济组织特性，它与联结方式、联通流量多少无关。

网络效果是指每个人的网络决策不但影响他本人的生产力，而且影响对他人产品的市场，因而影响他人的生产力。因此每人的生产力不但与他的努力有关，而且与参加网络的人数（网络规模）有关，而这网络规模又反过来由所有人的网络决策所决定。每个人选择职业和选择买哪些产品或自给自足哪些产品的决策就是典型的网络决策，它决定全社会的分工网络，其产生的网络效果被罗森

（Sherwin Rosen）称为"一加一大于二效果"（Super additivity）。

网络决策分为两类，一类叫对策网络决策，它是指决策人在其生产行业有垄断权，可以控制价格，或者网络决策之间有直接交互作用。另一类叫非人格网络决策，它是指信息成本很高或产品提供者很多时，人们按非人格价格作网络决策，而不对他人的网络决策直接作反应。非人格网络决策之间的交互作用是通过市价而间接进行的。在西方，与电子商务有关的决策，大多是非人格网络决策，电子信件服务或信息搜寻服务都有数千家类似的提供者，无人能操纵价格。买卖双方并不关心谁是买者或卖者，而只关心是否与某一类专业电子服务提供者联结。

我们举个例子说明网络效果。当汽车发明并商业化以后，如果我们不考虑网络效果，则会预见汽车将代替过去步行去买东西的活动，因此汽车的市场是有限的。所以，以此预测的汽车生产量少、成本高，进一步限制了其市场。如果像福特这样的企业家认识到降低汽车价格可以减少交易成本，从而使分工促进生产力的好处超过其增加的交易费用，因此很多过去无法赚钱的行业由于便宜汽车的出现，而可以赚钱，例如没有汽车时，大超级购物中心亏本，汽车普及后，这种购物中心利润滚滚。因此汽车的普及使分工水平上升，所有行业生产力上升，收入上升，因而进一步增加对汽车的需求，使汽车成本下降，使汽车真正能普及。这就是福特用 1000 美元一辆的廉价 T 型汽车利用网络效应发大财的故事。福特把汽车价格定在比当时市价低得多的水平，不是用边际分析，而是用超边际分析，预见到分工网络扩大后，可以使汽车大幅降价的同时使利润大幅上升。我们今天用超边际分析电子网络时也应看到很多现在亏本的行业或很多人们今天无法预见的行业在电子网络扩大、通信成本大降后有可能变成盈利性行业。很多这类行业的出现会使分工网络大大扩张，生产显著的网络效应。

下面的电子商务现象就是以此网络效果为基础。这种现象是：很多与电子商务有关的公司市盈率（P/E ratio）大大超过任何传统财务理论中的边际分析预见的水平。按传统理论，如果反映股价和利润比的这一市盈率高于10，此公司一定要破产了。但是很多与电子商务有关的公司市盈率往往高达700～800，甚至还有上了1000的。不少人指出这是以对网络效果的合理预期为基础，此话只对了一半。不错，如果很多目前无法预见的行业会因电子网络和分工网络的扩张而出现和赚钱，因此对这种无法预见的事的合理预期就应该对与电子商务有关的股价作出较高估价，至少高于边际分析指示的目前合理的估价。

但是这种解释没有看到，绝大多数与电子商务有关的公司的利润都是在不断下降（或亏损上升）。理性预期总不能与现实趋势相反吧。电子商务公司的利润下降不但是因为费用上升引起，且因为越来越多的电子商务服务趋向于免费提供。比如，几年内私人电脑上网在发达国家就会完全免费。由于越来越多的服务无法收费，电子商务公司的亏损自然只增不减。问题是在这种趋势下，为什么电子商务公司的股价和市盈率仍居高不下。

　　杨小凯与李克用超边际分析和杨小凯与黄有光的间接定价理论找出了这个问题的答案。

　　很多电子商务公司虽然创造了正的网络效果，但却无法用直接收费的办法将这网络效果转化为公司的收入。因此，很多电子商务公司就来用打包定价的方法，通过公司并购将电子商务服务与有形财产捆在一起买卖，使网络效果可以转化为有形收入。我们以下例来说明间接定价理论。

　　假如，福特公司卖有形的汽车，售卖汽车的服务可以通过电子网络进行，顾客可以在网上用鼠标这里点一点那里按一按，用很少的交易成本买一辆汽车。但这种服务却不易收费。假如有一家电子商务公司解决了这些服务的技术问题，并创办了一个与汽车有关的网页，吸引了足够高的点击次数。这时福特公司就可以将这家电子商务公司买下，然后向顾客提供免费的电子商务买车服务。只要这种服务省下足够多的顾客的交易费，则公司可以将购买和经营这一电子服务的成本记入汽车价格。如果汽车增加的一点点价格大大低于每个顾客用电子服务省下的交易费用，则福特公司就会比其他不提供免费电子服务的汽车公司更有市场竞争力。在市场竞争的压力下，所有汽车公司都会被迫提供免费电子购车服务。

　　因此，电子商务创业者，可以用卖掉公司的办法，最后将它亏的钱都赚回来。只要它创造的网络效果足够大，则市盈率就会足够高，使得卖公司的收入足以抵销多年的亏损。而实际上很多电子商务公司都是如此生存的。最有名的要算美国在线与华纳公司的合并案。一般电子商务公司的员工工资并不高，相当报酬来自公司配股，这部分收入往往以预期公司可以卖个好价为基础，因为公司本身可能会一直亏损，本身不可能赚钱。

这个故事中有三个要点。第一，这种网络决策是非人格网络决策而不是对策型网络决策。如果市场是垄断的，公司可以操纵电子商务的价格，就不会有免费提供电子商务服务的压力。第二，为什么福特公司不可以自己建一个部门自己发展电子商务，而非要买另一家电子商务公司呢？这是因为电子商务是风险极高的行业，福特公司自己雇人做，不会有足够的激励承担风险，因而搞不出成功的创新。所以成功的创新都是由私人风险投资公司与小创业公司一起搞出来的，而不可能由功成名就的大公司下面的一个部门搞出来，更不可能由国营公司和官商合办的公司搞出来。连美国波士顿地区的私人风险公司都因为当地的保守风气而无法有大创新。倒是加州那种非常自由灵活的私人企业自由竞争的制度环境才适合电子商务的创业。

行文至此，笔者不得不指出，中国今天用国营或官商合办（合资企业）的方法发展电子商务，不可能有什么成就。如上海浦东区用国营风险投资公司的办法发展电子商务等高新科技，这不但不会产生后发优势，反而会用模仿新技术来代替制度改革，产生后发劣势。正确的方法应该是废止政府在金融业、银行业、电子网络上的垄断，保护私人企业在这些领域自由创业和经营的权利，废止对私人企业上市和私人经营证券的限制，有了这些制度条件，中国的网络经济，电子商务才能发展起来，否则电子商务中的所谓"后发优势"又会像 20 世纪 50 年代末的"超英赶美"的口号一样，变成历史笑话。

第三，间接定价加上对网络效应的合理预期，股市就会对那些点击次数高的网站有相当高的定价。华尔街对一定的点击次数，已有固定的定价公式。股市可以对网络效应定价，这一方面说明传统边际分析中认为市场不能利用网络效果的理论不对，另一方面，这预期价格是以猜测为基础，所以风险也极高。

新网络经济中另两个有趣的现象是用于网络的交易费用占收入的比重会因网络通信效率的提高而上升，网络整体可靠性会因网络通信效率上升、网络扩展而下降，或网络整体协调失灵的风险会因此而上升。这两种现象又是传统的边际分析不可能预见，而必须用超边际分析才能研究的。台湾大学的刘孟奇 1997 年有一篇极精彩的博士学位论文，用超边际分析预见了这两种网络经济现象。在他的内生网络规模和网络总体可靠性的全部均衡模型中，每个交易有一个协调失灵的风险，当分工的网络扩张时，则整个网络协调失灵的风险以几何级数增加。但是只要分工对总体生产力的正网络效益超过风险增加的坏处，则生产力、网络规模和总的协调失灵风险会因交易效率的改进而同时增加。在这个过程中用于网络联通和协调的总交易费用占收入的比重也会增加。

在生产力增加的好处超过这种增加的坏处时，总的协调失灵风险会是有效率的。总的交易风险的增加也是种有效率的结果。

田国强

　　1982 年获华中工学院（现华中科技大学）数学硕士学位。1987 年获美国明尼苏达大学经济学博士学位，导师为诺贝尔经济学奖获得者、"机制设计理论之父"赫维茨（Leonid Hurwicz）教授。之后任教于美国得克萨斯 A&M 大学，在改革开放之后中国留学北美的华人经济学者中第一个获得终身教职、第一个成为正教授，现为该校经济系 Alfred F. Chalk 讲席教授。2004 年 7 月起任上海财经大学经济学院院长，并于 2006 年 7 月起兼任上海财经大学高等研究院院长。首批国家"千人计划"特聘专家，首批人文社会科学长江学者讲座教授，英文学术期刊 *Frontiers of Economics in China* 主编，*Annals of Economics and Finance* 主编之一。曾任上海市人民政府特聘决策咨询专家，中国留美经济学会会长（1991—1992）。

　　主要研究领域包括经济理论、激励机制设计、博弈论、拍卖理论、匹配理论、数理经济学、经济转型、中国经济等。在《经济研究评论》《经济理论》《国际经济评论》《博弈与经济行为》等国际知名学术期刊发表论文 90 多篇，国内权威期刊发表论文 80 多篇，包括在《经济研究》上发文十多篇，以及政策建议报告、重要媒体专栏等其他文章 100 多篇。著作《中国改革：历史、逻辑和未来》获第 16 届孙冶方经济科学奖。2016 年出版的《高级微观经济学》一书填补了微观经济学规范教材缺乏中国元素的空白，引起学界关注。2006 年被《华尔街电讯》列为中国大陆十大最具影响力的经济学家之一。2016 年获第一财经中国最佳商业领袖奖"年度思想家"奖项。2018 年 12 月出版《田国强学术文集》（5 卷本，200 余万字）。

现代经济学的本质

（2016 年）

改革开放以来，随着中国社会主义制度市场经济目标的逐渐确立，现代经济学在中国逐步发展成为一门显学，为中国市场化改革提供了重要的理论指导和技术支撑。然而，学术界和思想界对于现代经济学及其意识形态还存有不少认识误区，亟待厘清。现代经济学由假设、约束条件、分析框架和模型以及若干结论（解释和 / 或预测）组成，其中一个核心假设是利己性假设，这些结论从假设、约束条件和分析框架及模型中严格导出，因而是一种具有内在逻辑的分析方法。现代经济学提供两类理论：一是提供基准点、参照系及明道的基准经济理论；二是提供更贴近现实的相对实用经济理论，两者相互促进，并且均可用于内在逻辑的推断和预测。这两类理论都异常重要，是一种递进的相辅相成的发展和延拓关系，都可用来得出具有内在逻辑的结论和进行预测。相对现实的第二类理论就是通过不断对第一类基准理论的修正而发展出来的，从而使得现代经济理论体系更加完善和贴近现实。

第一类理论主要是以成熟市场经济国家的经济环境作为理论背景的，提供的是在相对理想状态下的基础理论。不要小看甚至误解或否认这种基准理论的极端重要性，它们是不可忽视、不可或缺的，至少有两个方面的重要性：一是尽管这些理论结果在现实中无法实现，但是它提供了改进的方向和目标，可以促进现实向理想状态不断逼近，也就是所谓的在现实中做任何事情，没有最好，只有更好。因此，基准理论为判断是否更好、方向是否正确提供不可或缺的必要标准，否则弄不好会南辕北辙，然而谁能说基准理论不重要，以致否定它的至关重要性呢？二是它也为发展出更为接近现实的另外一类理论奠定了必要基础，否则无从发展出来。任何一个理论、任何一个结论、任何一个论断都是相对而言的，否则无从进行分析和评价。自然科学的物理学科如此，社会科学的经济学科也是如此，因而需要提供基准理论。比如，有摩擦的世界是相对无摩擦世界而言的，信息不对称是相对信息对称而言的，垄断是相对竞争而言的，技术进步、制度变迁是相对技术、制度固化而言的，因而我们必须首先发展出相对理想情形下的基准理论。就像物理学里的一些基本定律、原理是在无摩擦的理想状态下成立的，现实中有吗？没有，但是这些定律、原理的重要作用谁能否认？它们为解决现实的物理学问题提供了不可或缺的基准定律。同理，为了更好地研究更为现实、有摩擦的经济行为和经济现象，我们也先要研究清楚无摩擦的理想情况，以此作为基准点和参照系。现代经济学之所以一日千里，发展迅速，没有这些理想状态下的经济理论作为基准点和参照系是不可想象的。

中国要改革、转型，就一定要有目标，有目标就一定要有改革取向的基准点和参照系。的确如此，对于一个国家的社会经济发展，理论探讨、理性思考和理论创新其重要性自不待言，但是改革的走向及其所要实现的目标是首先要明确的，由此决定国家大政方针的基本制度才是根本、关键和决定性的。如果关系到国家的走向和长治久安方面的政治、经济、社会、文化等方面的基本制度没有确定，再好的经济理论也发挥不了多大的作用，说不定还适得其反。所以，不要在改革的走向和目标都不明确的情况下，将经济理论的作用想象得无限大，期望经济理论能解决关键性和根本性的问题。经济学没有放之四海皆准、适合所有发展阶段的最好的经济理论，只有最适合某种制度环境前提的经济理论。既然中国要进行市场化的改革，将新古典，特别是一般均衡理论等第一类经济理论所论证市场最优经济环境作为基准点，将竞争市场作为参照系，进行这样取向的改革就非常自然和必要了，从而就会不断地得到更好的不断改进的结果。根据这些基准点界定的经济环境，我们需要进行松绑放权的自由化、民营化、市场化的改革，反对政府垄断资源和控制行业准入。同时，我们知道市场在许多情形下会失灵，一般均衡理论正好严格地界定了市场机制的适用范围，给出了在什么情形下市场可能会失灵，知道哪些地方政府在制定规则、制度或提供公共服务方面能发挥大的作用，从而起到了界定市场有效边界的巨大作用。

所以，研究经济问题，推进改革，特别是改革的大方向问题，都要
从经济学的基准点说起，违反这些经济学常识，改革只有失败，这
些基准点和参照系严格地给出了市场导致有效配置，从而成其为好
的市场经济的前提条件，而这些前提条件正好指明了改革方向。当
然，**由于许多基准理论提供的是在理想状态下的基础理论，尽管有
指引改进或改革取向的明道作用，但和现实相差较远，不能简单地
照搬用来解决具体现实问题**。也就是说，目标不等于过程，一个真
正训练有素的经济学家从来不会简单地将第一类经济理论套用到中
国情境中。

第二类理论则主要是旨在解决现实问题的经济理论，其前提假
设更为接近现实，是对基准理论的修正，从具体功能看它又可以划
分为两种：一是提供解决现实问题的分析框架、方法和工具，如博
弈论、机制设计理论、委托代理理论、拍卖理论、匹配理论等；二
是针对现实问题给出具体政策建议，如宏观经济学中的凯恩斯主义
理论、理性预期理论等。这样，**由这两类理论组成的现代经济学是
一个具有极大包容性和开放性的处于动态发展中的学科**，已远远超
越新古典经济学的阶段，它通过对各种基准理论前提假设的放松以
及对于描述性理论的规范化、公理化的严格表述，不断发展出新的
更加贴近现实的第二类经济理论，从而使得现代经济理论作为一个
整体的洞察力、解释力、预测力变得越来越强大，而中国的经济实
践更可为经济理论的创新发展提供丰富的现实土壤。在笔者看来，
现代经济学可以简单定义如下：只要采用严谨的内在逻辑分析（不

见得是数学模型），并且采用理性假设（包括有限理性假设），这样的研究就属于现代经济学的范畴。它起源于由托马斯·马尔萨斯和大卫·李嘉图将亚当·斯密的理论整合而成的古典经济学，不仅包括如阿尔弗雷德·马歇尔创立的新古典边际分析经济学和阿罗·德布鲁一般均衡理论这样的基准理论，也包括许多更为现实的经济学理论。比如，诺斯的新制度经济学和赫维茨所开创的机制设计理论都对新古典理论进行了革命性的发展，新古典是将制度作为给定，而诺斯和赫维茨却将制度内生化，视作可变化、可塑造、可设计的，制定出符合客观环境的各种制度安排，从而它们都成为现代经济学中极其重要的组成部分。又比如，现代政治经济学的发展和创新其实在很大程度上也是借鉴了第二类经济学理论的分析方法和工具，但是同样也存在着需要避免泛用的警示。

需要提醒的是，由于第二类理论旨在为解决现实问题提供分析框架、方法和工具，以及给出具体政策建议，且大多是基于一个成熟的现代市场制度而提出来的，应用起来必须特别小心，简单套用都是大有问题。因此所制定的政策和制度安排适应范围的边界条件在采用之前一定要首先弄清楚，看是否大致合乎中国现实情况，但许多人没有认识到这个重要性，一味地照搬比比皆是。现在简单套用、泛用、误用经济学理论及其经济政策的现象严重。比如，现在有人认为依靠政府来推动中国的"工业革命"就可解决问题，更多人呼吁采用更大力度的财政政策和货币政策就可解决当前经济下滑劣势。这些观点都以为不重视长期治理的市场化改革，就可以快速实现工业化，就能扭转经济增长持续大幅下滑困境。又如，许多学者以发展阶段论论证中国还需要经济增长优先，而忽视收入分配、环境保护等，乃至以发达国家历史上由于认识不足和法律缺失而形成的先污染后治理来为中国的环境污染做合理性辩护，不顾现今的国际国内法律约束。这会将中国引向何处？再如，有学者认为文化上的比较优势是中国经济比绝大部分发展中国家增长更快的原因。这种观点如何解释改革开放前中国经济停歇不前呢？为什么不按照实验物理学的基本方法论来谈差异因素？不从多重因素和综合治理因素的水桶效应来解释中国经济在改革开放时期的高速增长呢？客观而言，中国改革之所以取得巨大成就（当然由于只是遵循了发展的逻辑，没有注重治理的逻辑，问题很多、很严重），就是基本放弃计划经济，实行松绑放权的改革，也就是政府的干预大幅度地减少，民营经济大发展从而使国有经济比重不断下降，再加上文化等其他因素综合作用而取得的。

之所以存在以上这些误区误会，在很大程度上是由于对现代经济学的本质理解、掌握得不够。本文接下来的安排是：现代经济学的基石性假设、现代经济学的关键性要点、现代经济学的基本分析框架、现代经济学的基本研究方法、分析框架及其方法的现实作用。笔者认为，唯有正确认识和理解现代经济学的本质及其视野之下的市场制度，才能有利于推进中国深化市场导向的改革，真正确立市场在资源配置中的决定性作用，更好发挥政府作用，实现国家治理体系和治理能力现代化，建立长治久安的包容性制度。

一、现代经济学的基石性假设

任何一门社会学科都需对个体的行为作出假设，将个体的行为作为理论体系的逻辑起点，因此我们在这里做较为详细的解释。如前所述，社会科学和自然科学最本质的差别就在于：社会科学往往需要研究人的行为，需要对人的行为进行假设，而自然科学不研究人，而是研究自然世界和事物。经济学是一门非常特殊的学科，它不仅要研究和解释经济现象，进行实证分析，同时还要研究人的行为，以便更好地作出预测，并给出价值判断。

（一）自私、自爱与自利

在谈论人的行为时，一般有三个词语来表达：自爱（self-love）、自私（selfish）及自利（self-interest），这三者之间既有联系，也有较大差异。自爱意味着自己看重自己、喜爱自己，从而它既有好的一面，让自己洁身自爱，也可能有坏的一面，对自己估计过高，使之有时会导致自我伤害（self-harm），或形成自我欺骗（self-deceit）的空思妄想。自爱还可衍生自利甚至自私。

自私则是以损他为前提来利己，从而自私使人贪婪，贪婪使人野心勃勃，野心使人虚荣狂妄，虚荣使人忘乎所以，狂妄使人伤天害理。

自利则以利他为代价来利己，从而自利让人理性、理智，而自私孕育恶欲。也就是：为自利而利他，为了逐利、获利，人不得不理性利他，经济学主要采用自利性假设。自爱与自利相辅，人有自知之明；自爱与自私黏连，人会道德沦丧。这样，人受自爱主宰，但并非一定是不顾及别人，也可能是自爱和自利的结合。

（二）自利行为的现实合理性

个体行为的自利（利己）性假设，是经济学中一个最基本、最关键、最核心的假设。这不仅是假设，更是目前社会经济发展阶段中最大的客观现实，是整个现代经济学的基石。这个假设在处理国家、单位、家庭及个人之间关系时也是如此，因而是研究和解决政治社会经济问题时必须考虑的客观现实或约束条件。比如，在考虑和处理国与国之间关系的时候，作为一个公民，需要维护本国的利益，站在本国的立场上说话和行事，如果泄露国家机密，就可能受惩罚；在处理企业与企业的关系时，作为本企业的员工，必须维护本单位的利益，如果把企业机密泄露给竞争对手，视后果的严重程度也会被判刑。经常看到或听到有人对利己性假设提出质疑，既然人是理性自利的，追求个人利益的，那为什么要有家庭？其实，从家庭层面来分析问题，每个人都是站在本家庭的利益上行事的。也就是在常规情况下，人们关注的是自己的家庭，而不是别人的家庭。在研究个人与个人问题时也是如此。在现实中，不少人对这个假设产生了误区，将它简单狭义地理解为：无论考虑哪个层次的问题，都是针对个人的假设。

对人类的利己行为进行假设十分必要，因为它符合基本现实，更重要的是：即使这一自利行为假设有误，将无私的人看成是自私自利的人，也不会造成严重后果；相反，如果采用利他行为假设，一旦假设有误，将实际上追求自身利益的人视作大公无私的人，所造成的后果要比前者严重得多。事实上，在利己行为假设下所采用的游戏规则多半同时也适用于利他的人，在利他行为假设下的制度安排或游戏规则，以及个人的权衡取舍选择问题要简单得多。

但是，一旦利他行为假设有误，所造成的后果比利己行为假设有误所造成的后果要严重得多，甚至可能是灾难性的。其实，对人的行为作出正确判断在日常生活中也是非常重要的。想一想，在现实中将一个行事自私、狡猾的人看作是一个行事简单、一心为公的"老实人"来与之行事处世，甚至提拔重用，赋予重责，将会对社会和他人造成什么样的后果，就会明白这种错误假设的严重性。

现实中，许多人（比如那些贪官）往往唱着高调、口头上总是说一心为公但实际上却非常自私，一旦有机可乘，相对于不具有欺骗性的自利人，他们给国家和他人往往会带来更加灾难性的后果。如果把人基本上都假定为"雷锋式"的一心为公的大好人，来决定制度安排或游戏规则，给出经济政策建议或制定经济政策，多半不会成功。原有的计划经济体制搞不好，国营企业效益低下，很大的一个原因就是大多数厂长、经理和他们的上级并不是"雷锋式"的人物，他们有着自己的个人利益，他们自利的行为方式往往与这些制度安排激励不相容，即使能做到激励相容，所付出的代价也太大。

这样，承认个体的自利性，是解决人类社会问题的一种现实的、负责的态度。这也正是为什么需要党纪国法，以避免机会主义者钻人们都是大公无私假设下的制度空子的原因。相反，如果把利他性当作前提来解决社会经济问题，例如生产的组织问题，像改革前那样否认个体的自利性，只要强调为国家、为集体就能够调动人们的积极性，其后果可能是灾难性的。其结果就是大家都想钻制度的空子，吃大锅饭，憧憬着别人为自己创造美好的共产主义社会。

（三）利己与利他的适用边界

需要着重指出的是，个体逐利尽管在绝大部分情况下都基本成立，但也有其适用边界。在非常规情况下，比如天灾人祸、战争、地震、他人遇到危机时，人们往往表现出利他、无私性，甘愿抛头颅、洒热血为国战斗，勇于帮助处于危机中的人。这是另外一种理性，即大公无私的一面，甚至愿意付出生命（动物都有的本能，何况人），否则将会走向极端个人主义或利己主义。比如，当日本帝国主义侵略中国，中华民族面临亡国亡族威胁的时候，人们起来抗击日本侵略，抛头颅、洒热血，为民族利益不惜献身。在2008年汶川发生大地震后，全国人民出钱出力帮助灾区人民。而在安定、正常的和平环境下，在从事经济活动时，个体往往追求自身的利益。这些都说明，利己或大公，都是在不同情境、不同环境下的自然反应，完全不矛盾。

由此可以看出利己性和利他性都是相对的。其实，动物也有这种二重性。比如，野山羊被猎人追到悬崖边，老山羊自愿献身先跳，让年轻的或小山羊后跳，踏着它们的身子逃生。亚当·斯密不仅写了奠基性的《国富论》，也写了《道德情操论》，论述人们应具有同情心和正义感。这两部著作形成了斯密学术思想体系的两个互为补充的有机组成部分。的确如此，在人的自爱和自利这样的客观现实下，道德应该是通过社会分工与合作所达到的一种平衡，是一种均衡判定，约定俗成。在恰当制度的牵引下，让人们自愿分工、自愿合作，从而可形成和谐、文明、安定有序的社会。把自利和道德对立起来是违反人性的，或者说把自利和自私等同起来是片面的、错误的。相反，通过对道德和自利的有机结合，可以促进社会文明与个人尊严。现代市场的最大好处就在于它能够运用自利的力量来抵消仁慈的弱点，这使得那些默默无闻的人也能得到满足。所以，我们不应忽视仁慈和道德在市场制度形成中的作用。社会的进步不能维系于那些总是想损害和伤害他人的人。

总之，自利的人可以是仁慈、利他和道德的。"自利"并不等于"损人"。自利与利他是有限度和边界条件的，而损人利己的自私心理是万恶之源，贪得无厌。理性的自利行为把遵守社会规范作为必要的约束条件。我们赞成通过思想、伦理教育使个体在追求个人利益时不违反公共秩序，赞成维护建立在个人理性基础上的公众利益。但是，我们不赞成把政策建立在无视个人利益基础上的经济理想主义，不赞成以维护集体利益为名侵犯合理的个人利益。总之，我们要把在法律法规约束下的自利行为与违反法律法规的损害他人的自私自利行为区分开来，保护前者，反对后者。

即使同样是利己性，程度也不同。在理想情形下，利己性当然越少越好，但完全不存在也是不可能的。可以说，利己性是经济学的逻辑起点。如果人都是非自利的，总是为他人着想，也就根本不需要涉及人类行为的经济学了，工业工程学或投入产出分析也许就够了。中国之所以进行改革开放，从计划经济体制转向市场经济体制，从根本上就是考虑到个体自利性这一客观现实，在参与经济活动时往往考虑个人利益。事实上，短短三十多年，中国的改革开放就取得了举世瞩目的巨大成就，这与承认个人利益这一客观现实，从而实行市场制度是分不开的。

二、现代经济学的关键性要点

经济学家在讨论经济问题时通常基于一些关键性的要点、限制约束条件、基本原理或原则：

（1）资源的稀缺性；

（2）信息不对称与分散决策：个体偏好于分散决策；

（3）经济自由：自愿合作和自愿交换；

（4）在约束条件下作决策；

（5）激励相容：体制或经济制度需要解决个体或经济组织间的利益冲突问题；

（6）产权清晰界定；

（7）机会公平；

（8）资源有效配置。

放松上述的任何一条都将导致不同结论。注意和运用好这些要点、条件、原理或原则，对人们处理日常事务也非常有帮助。这些要点说起来简单，但要真正能融会贯通，进而得心应手地应用到现实中，却不太容易。下面对这些关键性要点、条件、原理或原则分别给予说明。

（一）资源的稀缺性与有限性

之所以有经济学这门学问，从根源上来说就是由于世界上的资源是有限的（至少地球的质量是有限的）。只要有一个人是自利的，并且他的物欲是无穷的（他所拥有的物品越多越好），就不可能实现按需分配，就需要解决如何用有限的资源满足需要的问题，也就需要经济学。

（二）不完全信息与分散决策

经济问题之所以难以解决，除了个体的自利性这一最基本的客观现实外，另外一个最大的客观现实就是，在绝大多数情形下，经济人之间的信息往往是不对称的，从而弄不好就抵消了所采用的制度安排的作用。比如，一个人说了一番话，虽然说得非常好听，冠冕堂皇，但不知道说的是真话还是假话。即使听众两眼盯着看，好像在聚精会神地听，但也不知道是否真正听进去了。"口是心非""人心隔肚皮""人心叵测""人是最难对付的"就是说的这种现象和道理。之所以出现这些情形，其根本原因，是信息不完全、不对称造成的。由于信息不对称，再加上个体的自利性，往往容易产生经济人之间的利益冲突。

如果没有恰当的治理制度来调和，为了获得各种有限的资源，就造成了当今社会说话做事"假、大、空"的空洞化盛行，口号与现实往往脱节，基本成为常态。这样的现象，可以用一个字来概括和刻画，就是"装"，大家或多或少都在"装"。这也是为什么在现代社会，由于人心叵测，欺诈太多，许多人不愿意和人打交道，更愿意跟动物打交道，养宠物，认为动物不会欺骗或伤害他们。这是使得社会科学，特别是经济学，比自然科学要复杂得多的主要原因。由于信息不对称，集中决策方法往往无效，需要采用分散决策，比如采用市场机制的方式来解决经济问题。

只有完全掌握和了解信息后，才能将事情做得更好，其结果才可能是最优的。即信息经济学中所讲到的：只有在信息完全情况下，才有可能达到最优。不过，信息往往很难对称，由此需要通过激励机制的方法来诱导真实信息，但获得信息需要付出代价，这样至多只能达到次佳结果，这是委托—代理理论、最优契约理论和最优机制设计理论所得到的基本结果。由于在许多情况下信息是不对称的，所以市场会失灵，会出现委托—代理问题，但不管采取哪种方法，都是次佳，根本原因在于信息不对称。如果没有合理的制度安排，人们会出现激励扭曲，要诱导信息，必须付出成本和代价，所以不能得到最优（first best）。信息对称特别重要，许多误会误解都是信息不对称的结果。通过与人沟通，让别人了解你（signaling），你了解别人（screening），做到信息对称，消除误会误解，尽可能达成理念一致，这是做好一件事情的基本前提。

政府过多干预经济活动，由此导致低效率，其根本原因就是信息不对称，政府在收集信息、鉴别信息等方面存在着很大问题。如果决策者能够掌握全部有关信息，直接控制的集中决策就不会有问题，那就只是一个简单的最优决策问题了。正是由于信息不可能完全被掌握，人们才希望分散决策。这也是为什么经济学家强调用激励机制这种间接控制的分散决策方法来促使（激发）人们做决策者想做的事，或实现决策者想达到的目标。

当然，集中决策在某些情形下也有其优点。在作重大改变的决策时，比如一个国家、单位或企业在制定愿景、方向、战略或作出重大决定时，集中决策比分散决策来得有效。不过，这种重大改变可能带来很大成功，也可能带来重大失误。例如，改革开放的决策，使得中国经济得到高速发展，取得了前所未有的巨大成就，而"文化大革命"的决策，使中国经济几乎走向了崩溃的边缘。

（三）自由选择与自愿交换

由于经济人追求自身利益，再加上信息不对称，晓之以理的"大棒"式制度安排，往往不是有效的制度安排，因此，就需要给人们更多的经济上的选择自由，这是个体三种私权（生存权、追求个人幸福的自由选择权及私有产权）中最重要的一种权利。从而，应该通过建立在自愿合作和交换基础上的经济自由选择方式，用市场等诱导性的激励机制来调动经济人的积极性。因而，经济上的选择自由（即"松绑"）在分散决策（即"放权"）的市场机制中起着至关重要的作用，是市场机制正常运行的先决条件，也是保证竞争市场经济机制导致资源最优配置的一个最基本的前提条件。

事实上，经济核定理（economic core theorem）深刻揭示了：只要给人们充分的自由选择权，并且容许或能够自由竞争，自愿合作和交换，即使不事先考虑任何制度安排，在个体自利行为的驱动下，所导致的资源配置结果也会与完全竞争市场的均衡结果一致。经济核定理的核心思想可以概括为：在理性假设下，即在思想水平不高的假设下，只要给人们两样东西——自由和竞争，而不考虑任何制度安排，所导致的经济核就是市场竞争均衡。

中国过去近 40 年的改革开放从实践上证明了这一定理。分析中国经济之所以取得举世瞩目成就的成功经验，千重要，万重要，给老百姓更多经济上的选择自由最重要。从早期的农村改革实践到后来的城市改革实践都已表明，哪里的政策一松动，哪里的自由度更大一些，哪里给生产者和消费者有更多的选择自由，哪里的经济效率就更高。中国过去近40年的经济增长奇迹的创造恰恰是源于政府向市场的放权，而当前现实中的市场不健全，则是源于政府过多的干预以及政府监管、制度供给的不到位。

（四）约束条件与可行选择

在约束条件下做事是经济学中一个最基本的原理，"人在屋檐下不得不低头"说的也就是这个道理。做每一件事情都有其客观约束条件，即所有的个体都在既定约束条件下进行权衡取舍，这是经济学的一个最基本原理。人们的选择由客观约束条件和主观偏好决定。约束条件，包括物质约束、信息约束、激励约束，使得经济人想达到主观的既定目标变得困难。在经济学中，约束条件基本思想的一个体现就是消费者理论中的预算约束线，人的预算由商品的价格及其自身的收入所限。对企业而言，约束条件包括可以利用的技术和用于生产的投入品价格，利润最大化的目标要求管理者对产品定出最优价格、决定生产多少数量、采用什么技术、每种投入品使用多少、对竞争对手的决策如何反应等。任何一个人乃至一个国家的发展都面临着各种限制和约束条件，包括政治、社会、文化、环境、资源等，如果不把约束条件弄清楚，事情很难做成。

引进一个改革措施或制度安排必须考虑到可行性、可实施性，满足客观约束条件，同时也希望将风险控制到尽可能小，不致引起社会政治和经济的大动荡。可行性也就是做好事情必须考虑所面临的各种约束条件，否则就没有可实施性。所以，可行性是判断一个改革措施或制度安排是否有利于经济发展和经济体制平稳转型的一个必要条件。在一国经济转型中，一个制度安排之所以具有可行性，是因为它符合了该国特定发展阶段的制度环境。具体到中国，就是改革必须适应中国的国情，要充分考虑到所面临的各种约束条件，包括人们的思想境界有限、参与约束条件等。

参与约束条件在考虑激励机制设计时是一个非常重要的约束条件，它意味着经济人能在经济活动中获利，至少不受损，否则不会参加，甚至会反对所实施的规则或政策。追求自身利益最大化的个体不会自动接受某一制度安排，而是会在接受与不接受之间作出选择。只有当一个制度安排下个体的收益不小于其保留收益（不接受该制度）时，个体才愿意进行工作、生产、交易、分配和消费。如果一个改革或制度安排不满足参与约束条件，个人可能放弃，大家都不愿接受这个改革措施或制度安排，就不可能成功推行。强制改革反而导致反对，造成社会的不稳定，也就谈不上发展。这样，参与约束条件和社会稳定密切相关，是发展中社会是否稳定的一个基本判断。

（五）激励及其激励相容性

激励是经济学中最核心的概念之一。个体都有其自身利益，想

从所要做的事中获得利益，同时也必须付出代价或成本。通过对好
处和代价的比较，个体可能愿意（有激励）做或做好这件事或不愿
意做或不愿意做好这件事，由此会对游戏规则作出合理的激励反应。
这样往往就会造成个体间或个体与社会间的利益不一致，发生激励
不相容的利益冲突，导致混乱。这种激励相容的思想早在亚当·斯
密的《道德情操论》中就论述了。斯密指出："在人类社会这个巨大
的棋盘上，每一颗棋子都有它自己的移动原则，完全不同于立法机
关或许会选择强迫它接受的那个原则。如果那两个原则的运动方向
刚好一致，人类社会这盘棋，将会进行得既顺畅又和谐，并且很可
能会是一盘快乐与成功的棋。但是，如果那两个原则的运动方向恰
好相反或不同，那么，人类社会这盘棋将会进行得很凄惨，而那个
社会也就必定时时刻刻处在极度混乱中。"

其原因是，个体在给定制度安排或游戏规则下会根据自身利益
作出最优选择，但是该选择不会自动满足他人及社会的利益或目标，
而信息的不完全性使得社会最优很难通过指令方式来执行。一个好
的制度安排或规则是能够引导自利的个体主观为自己、客观为别人，
争取做到使人们的社会经济行为于国、于民、于己、于公、于私都
有利，这是现代经济学的核心内容。

一个人做的每一件事都涉及利益与代价（收益与成本），激励
问题在日常工作及生活中无处不在。只要利益和代价不相等，就会
有不同的激励反应。企业为了追求利润，有激励最有效地使用资源，
以及构造激励来引导员工尽最大努力工作。在企业外部，利润的变

化为资源的持有者提供了改变他们对资源使用方式的激励；在企业内部，激励则影响着如何使用资源和员工在多大程度上努力工作。为了使管理有效，你必须清楚地掌握在像企业这样的组织内部激励所起到的作用，以及如何构造激励来引导你所管理的人员尽最大努力工作。

既然个人、社会和经济组织的利益不可能完全一致，怎样将自利、互利和社会利益有机地结合起来呢？那就需要激励相容，要求所采用的改革措施或制度安排能极大地调动人们的生产和工作的积极性。因而，要实施自己或社会的某个目标，就需要给出恰当的游戏规则，使得当事人在追求自身利益的同时，能达到所要实施的目标，这就是所谓的激励相容。也就是使个人的自利和人们之间的互利统一起来，使得每个人在追求其个人利益的同时也达到社会或他人所要达到的目标。

（六）产权明晰与产权激励

产权（property rights）是市场经济中的一个重要范畴。早在两千三百多年前，秦国商鞅就曾以野兔为例阐述了建立私有产权的极端重要性，产权的明晰界定可以起到"定分止争"的至关重要的作用，有助于市场秩序的建立。

产权包括财产的拥有权、使用权及决策权。产权的明确界定，因而利润归属的明确界定，让产权所有者有激励以最有效的方式进行消费和生产，有激励提供优质的产品和良好的服务，有激励去建立名声和信誉，有激励尽力维护和保养自己的商品、房舍、设备。如果产权界定不清，则会伤害企业的积极性，产生激励扭曲和道德风险。比如，国有企业由于产权不清必定会导致效率低下、寻租或利益输送的贪腐猖獗、挤压民营经济、不利创新及造成不公平竞争的五大弊端。在市场机制中，激励主要是通过拥有财产和获得利润的方式给予人们的。

科斯定理是产权理论的一个基准定理，它论断，当交易成本为零且没有收入效应时，只要产权明晰界定，通过自愿协调和合作就可以导致资源的有效配置。

（七）结果平等与机会公平

"结果平等"是一个理想的社会想要达到的目标。但这种"结果平等"对具有自利行为的人类社会来说，往往带来的是低效率。那么，在什么情况下公平能与经济效率一致呢？回答是，当人们持有"机会公平"这一价值判断标准时，公平与效率是可以一致的。"机会公平"意味着不能有任何障碍来阻止每个人运用自己的能力追求自己的目标，并且对所有个人都有一个尽可能公平竞争的起点。公正定理（fairness theorem）告诉我们：只要每个人的初始禀赋的价值相等，通过竞争市场的运作，即使个体追求自身利益，也可以导致既有效率也是公平的资源配置结果。与"机会公平"相似的一个公平概念是"个人平等"（也就是所谓"上帝面前人人平等"），它意味着，尽管人们生下来不尽相同，有不同价值观、不同性别、不同身体条件、不同文化背景、不同的能力、不同的生活方式，但"个人平等"要求大家尊重个体的这种差异。

由于各人的爱好不一样，把牛奶和面包平等地分给每一个人虽然看起来公平，但不见得大家都满意。因此，除了用平等配置这个绝对平均主义的概念来定义公平外，在经济问题的讨论中，还用到其他意义下的公平概念。公平配置（equitable allocation）就既考虑到客观因素，也考虑到主观因素，它意味着每个人都满意自己所得的一份。

（八）资源有效配置的准则

一个社会的资源是否得到有效配置是评价一个经济制度优劣的基本标准。在经济学中，资源配置有效通常指的是帕累托有效或最优，它意味着在给定现有资源的条件下，不存在另外的资源配置方案使得至少某人得利，而又不损害他人的利益。这样，不仅指要有效地消费和生产，也要使得生产出来的产品能最好地满足消费者的需要。

这样，在谈到经济效率时，要区分企业经济效率、行业经济效率及社会资源配置效率这三种不同的效率概念。企业生产是有效的，是指给定生产投入，使产出最大，并且反过来，给定产出，使投入最小。行业是所有生产某种商品的企业的总和，它的有效性可类似地定义。注意，每个企业生产有效并不意味着整个行业生产的有效性，因为如果把那些技术落后的企业的生产资料用到技术先进的企业，会导致全行业更多的产出。同时，即使整个行业的生产是有效的，对社会资源配置也可能不是（帕累托）有效的。

帕累托资源有效配置这个概念对任何经济制度都是适用的。它只是从社会效益的角度对一个经济制度给出了一个基本的价值判断标准，从可行性的角度来评价经济效果。这无论对计划经济、市场经济，还是混合经济都适用。福利经济学第一基本定理证明了，在个体追求自身利益时，完全竞争的市场导致了资源有效配置。

三、现代经济学的基本分析框架

做任何事情都有其基本规律。现代经济学所研究的问题和解决问题的方式类似于人们处理个人、家庭、经济、政治、社会各类事务时所采用的基本方式。大家知道，要做好一件事情，与人打交道，首先要了解国情和民风，也就是要知道现实环境及其所要打交道的人的品行和性格；在此基础上，决定相应的待人处事规则，从而在权衡利弊后作出激励反应，争取达到尽可能最佳的结果；最后对所选择的结果及所采用的规则进行价值判断和评估比较。现代经济学的基本分析框架和研究方法完全是按照这种方式来研究经济现象、人类行为，以及人们是如何作出权衡取舍选择的。当然，其重大差别就是论证严谨，通过正式规范的模型来严格界定前提假设与结论的内在逻辑关系。这种分析框架具有高度的规范性和一致性。

写一篇规范的文章，首先给出想要研究和解决的问题，或想要解释的某种经济现象，即经济学家首先需要确定研究目标，要阐明所研究问题的重要性，进行文献回顾，让读者知道所研究问题的概况和进展，并且要说明文章在技术分析及理论结论上有什么创新。然后，正式讨论如何解决所提出的问题和得出有关结论。

尽管所研究的各类经济问题非常不一样，但研究这些问题的基本分析框架却是相同的。现代经济学的任何一个规范经济理论的分析框架，基本上由以下五个部分或分析步骤组成：**（1）界定经济环境；（2）设定行为假设；（3）给出制度安排；（4）选择均衡结果；（5）进行评估比较**。可以这样认为，任何一篇逻辑清楚、层次分明、论证合理的经济学论文，无论结论如何或作者是否意识到，都基本上由这五部分组成，特别是前四部分。可以说，写经济学方面的论文，就是按照这些分析步骤进行具有内在逻辑结构和分析的创新写作。掌握了这些组成部分，就掌握了现代经济学论文写作方式的基本规律，更容易学习和研究现代经济学。这五个步骤对于理解经济理论及其论证、选择研究主题以及撰写标准的经济论文极有帮助。

在对这五个部分逐一进行讨论之前，先对制度（institution）这一术语进行界定。制度通常被定义为一组行事规则的集合，这些规则与社会、政治和经济活动有关，支配和约束社会各阶层的行为。

由于人们在考虑问题时，总是把一部分因素作为外生变量或参数给定，另外一部分则作为内生变量或因变量，这些内生变量是由外生变量导致的，从而是这些外生变量的函数。于是，按照戴维斯和诺斯的划分方法，根据所要研究的问题，又可以将制度划分成两个范畴：制度环境（institutional environment）和制度安排（institutional arrangement）。制度环境是一系列基本的经济、政治、社会及法律规则的集合，它是制定生产、交换以及分配规则的基础。在这些规则中，支配经济活动、产权和合约权利的基本法则和政策构成了经济制度环境。制度安排是支配经济单位之间可能合作和竞争的规则的集合。制度安排可以理解为人们通常所说的游戏规则，不同的游戏规则导致人们不同的激励反应。尽管从长远看，制度环境和制度安排会互相影响和发生变化，但如戴维斯和诺斯明确指出的那样，在大多数情况下，人们通常将经济制度环境作为外生变量给定，而经济制度安排（如市场制度安排）则根据所要研究或讨论的问题，既可以看成外生给定也可以看成内生决定。

（一）界定经济环境

这是现代经济学分析框架中的首要组成部分，是对所要研究的问题或对象所处的经济环境（economic environment）作出界定。经济环境通常由经济人、经济人的特征、经济社会制度环境以及信息结构等组成，短期不能改变（尽管长期可能会发生演变），因而在讨论解决问题时，视作外生变量，作为参数给定，不能改变，是约束条件这一基本思想在这里的具体体现。

怎样界定经济环境呢？主要分为两个层次：一是**客观描述经济环境，尽可能逼真**；二是**精练刻画最本质的特征，尽可能简明深刻**。前者是科学，后者是艺术，但需要综合平衡。即描述经济环境首先要客观，然后要根据目的抓住主要特征，将其有机地结合起来。对经济环境的描述越清楚、准确，理论结论就会越正确。其次，刻画经济环境要精练和深刻，对经济环境的刻画越精练和深刻，论证起来就会越简单，理论结论也越能让人理解和接受。只有既清楚准确地描述经济环境，又精练深刻地刻画经济环境的特征，才能抓住所要研究问题的本质，具体论述如下。

描述经济环境：现代经济学中任何一个经济理论，首先需要做的就是，对所要研究的对象或问题所处的经济环境做近似的客观描述。一个合理、有用的经济理论应客观、恰当地描述其研究对象所处的具体经济环境。尽管不同国家和不同地区的经济环境往往存在着差异，从而所得到的理论结论多半会不同，但是所采用的基本分析框架和研究方法却是一样的。经济问题研究的一个基本共同点就是要对经济环境进行描述。对经济环境的描述越清楚、准确，理论结论就会越正确。

刻画经济环境：在描述经济环境时，一个同等重要的问题是如何做到既清楚、准确地描述了经济环境，又精练、深刻地刻画了经济环境的特征，使之能抓住所要研究问题的本质。由于现实中大多数事实和现象与要分析和解决的经济问题不相干或不是至关重要，这样完全客观地描述现实环境不仅没有什么用，反而会被这些旁枝末节弄糊涂。如果把所有这些情况都统统描述出来，当然可以说是非常准确而真实地描述了现状或经济环境，但这种简单罗列抓不住重点，无法看清问题的本质，让大量繁杂的事实弄晕了头脑。为了避开细枝末节，把注意力引向最关键、核心的问题，我们需要根据所考虑的问题，对经济环境进行特征化的刻画。比如，在研究消费者行为的时候，不分男女老少、贫富贵贱，我们将消费者简单地刻画为由偏好关系、消费空间、初始禀赋所组成。而在研究生产者理论时，简单地刻画成生产可能性集。在研究转型经济问题时，如中国经济转型问题时，我们就不能简单地照搬在规范经济环境下所得出的理论结果，而是需要刻画出转型经济的基本特征，但仍然采用现代经济学的基本分析框架和研究方法来研究转型经济问题。

经常听人批评现代经济学没有用，就是用几个简单的假设来概括复杂的现状，对此很不理解。其实，这也是物理学的基本研究方法。在研究两个物理变量之间的关系时，无论是理论研究还是实验操作，都是把影响所研究对象的其余变量固定。为了做一件事情，把每一个方面（即使无关）都搞清楚，在很多时候，不仅没有必要，反而会让人抓不住重点。这与根据不同的目的和用途绘制地图一样：如果旅游，需要的是旅游地图；如果开车，需要的是交通地图；如果打仗，需要的是军事地图。尽管这些地图都描述了一个地区的一些特征，但不是真实世界的全貌。为什么需要旅游地图、交通地图、军事地图呢？因为目的不一样。如果将整个现实世界当作地图，尽管这完全地描述了客观现实，但这样的地图又有什么用呢？

所以，经济学既是科学，也是如何抽象、刻画现实经济环境的艺术。经济学完全是通过对经济环境进行简练刻画来描述问题的成因，进行内在逻辑分析，从而得出逻辑结论和推断。一个高明的经济学家，关键就看他在研究问题的时候，能不能准确把握经济现状中最本质的特征。只有真正把成因和现状搞清楚，才能对症下药，其对策和药方（所采用的经济理论）就会信手拈来，当然这需要有基本的经济学理论训练。

（二）设定行为假设

现代经济学分析框架中的第二个基本组成部分是对经济人的行为方式作出假设，这是经济学不同于自然科学的关键性差别。这个假设至关重要，是经济学的根基。一个经济理论有没有说服力和实用价值，一个经济制度安排或经济政策能不能让经济持续快速地发展，关键看所假定的个人行为是不是真实地反映了大多数人的行为方式，看制度安排和人们的行为方式是不是能激励相容，即人们对激励是不是作出了对他人或社会也有利的反应。

一般来说，在给定现实环境和游戏规则下，人们将会根据自己的行为方式作出权衡取舍。这样，在决定游戏规则、政策、规章或制度安排时，要考虑到参与者的行为方式并给出正确的判断，就像日常和人打交道一样，看他们是自私自利还是无私利他，是忠厚老实还是老奸巨猾，是讲究诚信还是谎话连篇。面对不同行为方式的参与者，所采用的游戏规则往往也是不同的。如果你所面对的是一个做事讲诚信的人，和他处事的方式或者针对他的游戏规则多半会相对简单。如果你所面对的是一个雷锋式的"傻子"，和他打交道的规则也许会更加简单，不需要什么防备心，和他处事不需费什么精力（设计游戏规则），游戏规则也许不是那么重要。但如果要打交道的是一个难缠、狡猾、无诚信可言的人，和他打交道的方式可能会非常不同，与他相处的游戏规则可能会复杂得多，需要小心对付，需要花费很大的精力。这样，为了研究人们是如何作出激励反应和权衡取舍的选择，对涉及人的行为作出正确判断和界定就显得异常重要。在研究经济问题例如经济选择、经济变量间的相互作用和它们的变化规律时，确定经济人的行为方式也非常重要。

如前面所提及的那样，在常规情况下，一个比较合理和现实而又通常被经济学家所采用的人类行为假设是自利性假设，或更强的经济人理性假设，即个体追求个人利益最大化。有限理性是根据掌握和了解的情况作出最佳的选择。不过，有限理性仍然属于理性假设的范畴。在后面讨论的消费者理论中，我们会具体假定消费者的行为是追求效用最大化；在生产者理论中，我们假定生产者追求利润最大化；而在博弈论中，描述经济人行为的均衡解概念有很多种，这些概念是基于不同参与人的行为假定给出的。任何经济人在与其他人进行交往时，都对其他人的行为有一个判断（假设）。

这种假定是有其合理性的。从现实来看，存在三种基本制度安排：强制性的法规制度安排（适用于操作成本小、信息较易对称的情景）、激励机制（适用于信息不对称的情景）、社会规范（social norms）（由理念、理想、道德、风俗组成，给予人们对行为自我约束的规范）。如果所有人思想境界非常高，都是大公无私的，那么刚性的大棒式"晓之以理"法规体系，或柔性的"待之以利"的市场制度，就没有存在的必要了。大家都无欲无求了，那么共产主义的实现就指日可待了，但这往往是非常不现实的。

中国之所以搞市场经济，其本质原因就在于在常规情况下，人是自利的，市场经济是符合人的自利性假设的。这也是我们下面要讨论的制度安排的基础。

（三）给出制度安排

现代经济学分析框架中的第三个基本组成部分是给出经济制度安排，也即人们通常所说的制度或游戏规则。对不同情况、不同环境，面对有着不同目标和不同行为方式的人们，往往需要采取不同的因应对策或游戏规则。当情况及环境发生变化时，所采用的对策或游戏规则也应发生变化。这对经济学的研究同样成立，当经济环境确定后，人们需要决定经济上的游戏规则，在经济学中称之为经济制度安排。制度安排的决定对做任何事情都非常重要。现代经济学根据不同的经济环境和行为假设，研究并给出各式各样的经济制度安排，也即经济机制。依赖于所讨论的问题，一个经济的制度安排既可以是外生给定的（这时退化为制度环境），也可以是由模型内生决定的。

引导人的行为有三种基本的制度安排：强制性的法规治理或政府干预、激励机制的制度规范、道德说教的社会规范。这三种方法都有各自不同的作用，但也有各自的适用范围和局限性。道德说教的社会规范依靠对人性的改善，缺乏约束力；强制性的法规治理或政府干预信息成本大、代价高，干预过多会有损个人自由；与其他两种方法相比，激励机制的制度规范是最有效的。这正是经济学家重视制度的原因。

所以，无论是法规治理的制度安排的制定，还是激励机制的制度安排的制定，其宗旨并不是要改变人利己的本性，而是要利用人这种无法改变的利己心去引导他从客观上做有利于社会的事。制度的设计要顺从人的本性，而不是力图改变这种本性。人的利己无所谓好坏善恶之说，关键在于用什么制度向什么方向引导。不同的制度安排将导致人们不同的激励反应和不同的权衡取舍，从而可能导致非常不同的结果。

现代经济学的任何一个理论都要涉及经济制度安排。标准的现代经济学主要是研究市场制度的，研究在市场制度下人们的权衡取舍选择问题（如消费者理论、生产者理论及一般均衡理论）以及研究在什么样的经济环境下市场均衡存在，并对各种市场结构下的配置结果作出价值判断（判断的标准基于资源配置是否最优、公平等等）。在这些研究中，市场制度通常假定是外生给定的。将制度安排作为外生给定的好处是将问题单一化，以便将注意力集中于研究人们的经济行为及人们是如何作出权衡取舍选择的。

当然，对制度安排的外生性假设在许多情况下不尽合理，应依赖于经济环境和人的行为方式，不同的经济环境和不同的行为方式应给出不同的制度安排。市场制度在许多情况下会失灵（即资源不能有效配置和市场均衡不存在），于是人们需要寻找替代机制或其他更佳的经济机制，从而我们需要将制度安排看作内生变量，是由经济环境和人的行为方式决定的。这样，经济学家需要给出各种可供选择的经济制度安排。

当研究具体经济组织或单位的经济行为和选择问题时，经济制度安排更应是内生决定的。新制度经济学、转轨经济学、现代企业理论，特别是近四十年发展起来的经济机制设计理论、信息经济学、最优合同理论和拍卖理论等，根据不同的经济环境和行为假设，研究并给出大到整个国家、小到二人经济世界的各式各样的经济制度安排。

（四）选择均衡结果

现代经济学分析框架中的第四个基本组成部分是作出权衡取舍的选择，找出最优结果。一旦给定经济环境和经济制度安排（游戏规则）及其他必须遵守的约束条件之后，人们将会根据自己的行为方式作出激励反应，在众多的可行结果中通过权衡取舍来选定结果，称之为均衡结果。其实均衡概念不难理解，它表示在有多种可供选择方式的情况下，人们需要选定一个结果，这个最终选定的结果就是均衡结果。对利己的人来说，他将选择一个自认为是最有利的结果；对利他的人来说，他可能选定一个有利于他人的结果。这样，所谓均衡，指的是一种状态，即所有经济个体无激励偏离的一种状态，因而是一种静态概念。

以上所定义的均衡应是经济学中最一般化的均衡定义。它包括了教科书中在自利动机的驱动以及各种技术或预算约束条件下独立决策所达到的均衡。例如，在市场制度下，作为企业所有者，在生产技术约束条件下的利润最大化生产计划被称为均衡生产计划；作为消费者，在预算约束条件下的效用最大化消费组合被称为消费均衡。当生产者和消费者以及彼此之间相互作用达到一种大家都无动力偏离的状态时，又可得出每种商品的市场竞争均衡。

需要指出的是，均衡是一个相对的概念。均衡选择结果依赖于经济环境、参与人的行为方式（无论是相对于理性假设、有限理性假设，还是其他行为假设），以及让参与人作出激励反应的游戏规则，它是相对这些因素的"最优"选择结果。注意，由于有限理性的原因，它也许不是真正客观上的最优，而是根据自己的偏好及掌握的信息和知识所作出的最优选择。

（五）进行评估比较

现代经济学分析框架中的第五个基本组成部分，是对经济制度安排和权衡取舍后所导致的均衡结果进行价值判断与作出评估比较。当经济人作出选择后，人们希望对所导致的均衡结果进行评价，与理想的"最优"状态结果（如资源有效配置、资源公平配置、激励相容、信息有效等）进行比较，从而进一步对经济制度安排给出评价和作出优劣的价值判断——判断所采用的经济制度安排是否导致了某些"最优"结果；还要检验理论结果是否与经验现实一致，能否给出正确预测，或是否具有现实指导意义。最后，对所采用的经济制度和规则给出评价，从而判断是否能给出改进办法。简而言之，就是为了把事情做得更好，在做完一件事情之后，评估这件事情的成效到底如何，值不值得继续做，有没有可改进的空间，就像我们写工作总结报告一样。所以，我们需要对经济制度安排和权衡取舍后所导致的均衡结果进行价值判断与作出评估比较，找出到底哪些制度最适合本国的发展。

在评估一个经济机制或制度安排时，现代经济学的一个最重要的评估标志就是看这个制度安排是否符合效率原则。当然，在现实中，由于经济环境和人的行为方式不断发生变化，科学与生产技术不断改进，精确的帕累托最优也许永远不可能实现，就像牛顿的三大物理定律、自由落体运动、无阻力的流体运动一样，它只是一种理想的状态，但提供了经济效率改进的方向。只要想提高经济效率，人们就应不断地追求，尽量接近这一目标。有了帕累托最优这一理想标准，我们去比较、衡量和评价现实世界中各式各样经济制度安排的好坏就有了依据，看它们离这一理想目标还有多远，从而得知改进经济效益的余地，使资源的配置尽可能接近帕累托最优标准。

不过，帕累托最优只是一个标准，还有一种价值判断是平等或公平。市场制度虽然达到了资源的有效配置，但也出现了很多问题，例如贫富差距大造成社会不公。平等和公平有许多种定义，公平配置就既考虑到了客观公平，也考虑了主观因素，并且更重要的是可以同时解决公平和效率问题。评估一个经济制度安排的好坏还有一个重要的标准就是看它是否激励相容（incentive compatibility）。

总体来说，以上所讨论的五个组成部分可以说基本上是所有规范经济理论通用的分析框架，无论使用的数学是多还是少，无论制度安排是外生给定的还是内生决定的。在研究经济问题时，我们应该首先界定经济环境，然后考察个体自利行为在外生给定的或者内生决定的机制下是如何相互影响的。经济学家通常将"均衡""效率""信息"和"激励相容"作为着重考虑的方面，考察不同的机制对个体行为和经济组织的影响，说明个体行为是如何达到均衡的，并对均衡状态进行评估比较。利用这样的基本分析框架分析经济问题不仅在方法论上是相容的，而且可能得出令人惊讶（但逻辑一致）的结论。

四、现代经济学的基本研究方法

以上讨论了现代经济学分析框架的五个基本组成部分：界定经济环境、设定行为假设、给出制度安排、选择均衡结果以及进行评估比较。任何一个经济理论基本上都是由这五个部分组成的。对这五个部分的讨论自然会引申到如何按科学的研究方法将它们有机地结合起来，并且可以逐步深入地研究各种经济现象，发展出新的经济理论。这就是现代经济学中通常采用的一些基本研究方法和注意要点。它包括确定基准点、建立参照系、搭建研究平台、发展分析工具、构建严谨模型、作出实证分析与规范分析。

现代经济学的研究方法是，首先提供各种层次和方面的基本研究平台、确定基准点和建立参照系，从而给出度量均衡结果和制度安排的优劣度量标尺。搭建研究平台和建立参照系对任何学科的建立和发展都极为重要，经济学也不例外。

（一）确定基准点

评价任何一件事情或给出任何一个论断，都不是绝对的，而是相对的，因而应有一个坐标点或基准点，讨论经济问题也不例外。经济学中的基准点（benchmark）指的是相对理想状态或相对简单的经济环境。为了研究和比较现实经济问题和发展新理论，往往需要先考虑无摩擦的理想经济环境，发展出相对简单的结果或基准理论，然后讨论更接近现实的有摩擦的非理想经济环境下的结果和发展出更为一般的相对实用理论，并与原有的在基准情形下发展出来的理论进行比较。

因而基准点是相对于非理性经济环境或所要发展的更为接近现实的新理论而言的。比如，完全信息假设是研究不完全信息情形下的基准点。在研究信息不对称情况下的经济问题时，我们需要首先弄清楚完全信息的情况（尽管它非常不现实）。只有将完全信息研究清楚之后，才能将信息不完全情况下的经济问题研究清楚。做经济理论研究的一般技巧也是这样的，先考虑理想状态或较为简单的情景，然后考虑更为现实或一般的情景，或者先学习好别人的研究成果，然后才能进行理论创新。

有生命力的经济学理论和自然科学一样，首先考虑无摩擦的理想状态或简单情景，然后考虑更接近现实的有摩擦的非理想状态或一般情景。新的理论总是基于前人的理论成果而发展起来的。正因为有了牛顿力学，才会有爱因斯坦的相对论，有了相对论，才会有杨振宁、李政道的宇称不守恒理论。

（二）建立参照系

参照系指的是在理想状态下所得出的经济模型和理论，如完全竞争市场能实现资源有效配置的一般均衡理论。建立参照系对任何学科的建立和发展都极为重要，经济学也不例外。尽管作为参照系的基准经济理论可能有许多假定与现实不符，但是它至少有三个方面的作用：（1）有利于简化问题，抓住问题的特征；（2）有利于建立评估理论模型和理解现实的标尺，确立改进方向；（3）有利于在此基础上进一步进行理论创新，可作为进一步分析的参照系。

基准理论非常有用，是用来进行进一步分析的参照系。这跟在生活中树立榜样，榜样的力量无穷的道理一样，这些参照系本身的重要性并不在于它们是否准确无误地描述了现实，而在于建立了一些让人们更好地理解现实的标尺，它像一面镜子，让你看到各种理论模型或现实经济制度与理想状态之间的距离，它的根本重要性在于给出努力和修正的方向，以及修正的程度。试想，一个人如果不知道努力的目标是什么，不知道差距，大致努力的方向都没有，如何改进？能有激励做事吗？遑论要把事情做成了。

一般均衡理论就提供了这样一种参照系。我们知道完全竞争市场会使资源得到有效配置，尽管现实生活中没有这种市场，但如果朝着这方面努力，就会增加效率，因而才有了《反垄断法》这样的保护市场竞争等方面的制度安排。通过将完全竞争和完全信息经济环境作为基准点所得出的参照系，人们可以研究一般均衡理论中假设不成立（信息不完全，不完全竞争，具有外部性）但更合乎实际的经济制度安排（比如具有垄断性质或转型过程中的经济制度安排），能得出什么样的结果，然后将所得的结果与理想状态下的一般均衡理论进行比较。通过与完全竞争市场这一理想制度安排相比较，人们就可以知道一个（无论是理论还是现实采用的）经济制度安排在资源配置和信息利用的效率方面的好坏，以及现实当中所采用的经济制度安排与理想的状态相差多远，并且提供相应的经济政策。这样，一般均衡理论也为衡量现实中所采用的制度安排和给出的经济政策的好坏建立了一个标尺。

有人认为理想参照系离现实经济太远而否定新古典经济学对中国经济改革的指导作用，这是一个经常听到的特大误解。这些人没有意识到，就是由于现实和基准点、参照系离太远，才正说明了中国需要进行市场化的改革。中国要改革、转型，就一定要有目标，有目标就一定要有改革取向的基准点和参照系。这就像一个人无论怎么聪明，假如没有努力的目标和方向（好比一把刀无论怎样锋利，如不知道砍的方向，就不能发挥作用一样），就可能一事无成。比如将雷锋做人的参照系，作为做人的理想样板。尽管当今的现实中没有活着的雷锋，但学雷锋仍然很重要，需要提倡，即使只能做到1%，也比什么都不做强。因此做人要有远大的理想，它让你知道努力的方向和奋斗的目标，也许永远达不到，但是能激励你不断地接近理想。

现代经济学中每个严谨的经济理论都有其自洽的内在逻辑体系，无论是提供基准点或参照系的第一类基准理论，还是想解决现实经济问题的第二类相对实用理论，都必须给出适用的边界条件和范畴。这两类理论都异常重要，都可用来得出具有内在逻辑的结论和进行预测，并且它们是一种递进的相辅相成的发展和延拓关系，相对现实的第二类理论就是通过不断对第一类基准理论的修正而发展出来的，从而使得现代经济理论体系更加完善和贴近现实。因此，我们在处理二者的关系时，不能走极端，现实中极右的市场原教旨主义和极左的政府万能主义，就是走极端的典型。

（三）搭建研究平台

现代经济学中的研究平台是由一些基本的经济理论或方法组成，它们为更深入地分析提供了方便。现代经济学的研究方法类似于物理学的研究方法，即先将问题简化，再抓住问题的核心部分。当有众多因素形成某种经济现象时，我们需要弄清每个因素的影响程度。这可以通过假定其他因素不变，研究其中某个因素对经济现象的影响来做到。现代经济学的理论基础是现代微观经济学，而微观经济学中最基础的理论是个人选择理论——消费者理论和生产者理论，它们是现代经济学中最基本的研究平台或奠基石，这就是为什么所有的现代经济学教科书基本上都是从讨论消费者理论和生产者理论入手的。它们为个人作为消费者和生产者如何作出选择，给出了基本的理论，并且为更深入地研究个人选择问题提供了最基本的研究平台。

一般来说，个人的均衡选择不仅依赖自己的选择，而且依赖其他人的选择。为了研究清楚个人的选择问题，首先要弄清楚个人在不受他人影响时是如何作出决策的。消费者理论与生产者理论就是按照这样的研究方法得到的。经济人被假定处于完全竞争的市场制度安排中，由此每人都把价格作为参数给定，个人选择不受他人选择影响，最优选择由主观因素（如追求效用或利润最大）和客观因素（如预算线或生产约束）来决定。

不少人对这种研究方法感到不解，认为这种简单情况离现实太远，理论中的假设和现实太不吻合，从而认为它没有什么用处。其实，这样的批评表明这些人对科学的研究方法还没有正确理解。这种将问题简化或理想化的研究方法为更深入的研究建立了一个最基本的研究平台。这就像物理学科一样，为了研究一个问题，先抓住最本质的东西，从最简单的无摩擦情况研究着手，然后再逐步深入，考虑更一般和更复杂的情况。微观经济学中关于垄断、寡头、垄断竞争等市场结构的理论就是在更一般情况下——厂商间相互影响下——所给出的理论。为了研究经济人相互影响决策这一更一般情况下的选择问题，经济学家同时也发展出博弈论这一有力的分析工具。

一般均衡分析是基于消费者理论和生产者理论之上，属于更高一层次的研究平台。如果说消费者理论和生产者理论为研究个人选择问题提供了基本的研究平台，一般均衡理论则为研究在各种情况下所有商品的市场互动，如何达到市场均衡提供了一个基本的研究平台。近四十多年发展起来的机制设计理论则又是更高一层次的研究平台，它为研究、设计、比较各种经济制度安排和经济机制（无论是公有制、私有制，还是混合所有制）提供了一个研究平台，它不仅可以用来研究和证明完全竞争市场机制在配置资源和利用信息方面的最优性及唯一性，更重要的是，在市场无效或失灵时，给出了如何设计替补机制的方法。在一些规范性条件下，没有外部性的完全自由竞争的市场制度安排不仅导致了资源的有效配置，并且从利用信息量（机制运行成本、交易成本）的角度看，它利用的信息量最小，从而它是信息利用最有效的。在其他情况下，市场会失灵，我们就需要设计出不同经济环境下的各种不同的替补机制。研究平台也为评估各类经济制度安排提供各种参照系创造了条件，为衡量现实与理想状态的差距制定了标尺。

（四）发展分析工具

对经济现象和经济行为的研究，仅有分析框架、基准点、参照系和研究平台还不够，还需要有分析工具。现代经济学不仅需要定性分析，也需要定量分析，需要界定每个理论成立的边界条件，使得理论不会被泛用或滥用。这样，需要提供一系列强有力的"分析工具"，它们多是数学模型，但也有的是由图解给出。这种工具的力量在于用较为简明的图象和数学结构帮助我们深入分析纷繁错综的经济行为和现象，比如，需求供给模型、博弈论、研究信息不对称的委托—代理理论、保罗·萨缪尔森（Paul A. Samuelson，1915—2009）的迭代模型、动态最优理论等。当然，也有不用"分析工具"的，如科斯定理，只用语言和基本逻辑推理来建立和论证所给出的经济理论。

（五）构建严谨模型

在解释经济现象或经济行为，并给出结论或作出经济推断时，往往要求具有逻辑严谨的理论分析。如前所述，任何一个理论的成立都是有一定条件的，现代经济学不仅需要定性分析，也需要定量分析，需要界定各种理论结果成立的边界条件，使得理论不会被泛用或滥用，就像药物学和药理学需要弄清药品的适用范围和功能一样。为此，我们需要建立严谨的分析模型，将其理论成立的条件界定得非常清楚。不了解相关的数学知识，就很难准确理解概念的内涵，也就无法对相关的问题进行讨论，更给不出做研究时所需要的边界条件或约束条件。因此，以数学和数理统计作为基本的分析工具就毫不奇怪了，而它们也成为现代经济学研究中最重要的研究方法之一。

（六）作出实证分析与规范分析

从研究方法的角度看，经济分析可分为两类：一类称为实证或描述性分析；另一类称为规范或价值判断分析。经济学与自然科学的另外一个重大差别就是，自然科学基本只做实证分析，而经济学对问题的讨论往往不仅要作实证分析，也要作规范分析。

实证分析只解释经济是如何运行的，它只给出客观事实并加以解释（因而是可验证的），而不对经济现象作出价值评价或给出修正办法。例如，现代经济学的重要任务是对生产、消费、失业、价格等现象加以描述、比较、分析，并预测各种不同政策的可能结果。消费者理论、生产者理论及博弈论都是实证分析的典型例子。

规范分析则要对经济现象作出评价。经济学不仅要解释经济是如何运行的，而且要找出修正办法。因此，它往往涉及经济学家个人主观的价值标准和偏好（从而是不能由事实来验证的）。例如，有的经济学家更强调经济效益，而有的经济学家更强调收入的平等或社会公平。在讨论经济学问题时，注意到这两种方法的差异能避免许多不必要的争论。经济机制设计理论就是规范分析的典型例子。

实证分析是规范分析的基础，规范分析是实证分析的延拓。因而经济学的首要任务是进行实证分析，然后再进行规范分析，一般均衡理论就既包括实证分析（如竞争均衡的存在性、稳定性及唯一性），也包括规范分析（福利经济学基本第一、第二定理）。

五、分析框架及其方法的现实作用

以上介绍了现代经济学的最基本分析框架和研究方法，它们具有分析框架及研究方法的现实作用。尽管这些分析框架和研究方法看起来似乎简单，但实际上如果要真正领悟并融会贯通于自己的生活、学习、研究中却并不是一件容易的事。不过，一旦你掌握了现代经济学的基本分析框架和研究方法，你就会一生受益无穷。因为它会使你聪明、睿智、深刻、思维科学；它会帮助你学习、研究那些"阳春白雪"的纯经济理论；它也有助于指导你在生活、工作中所面临的实际问题。

首先，从学习现代经济学的方面来看，一旦掌握了现代经济学的基本分析框架和研究方法，你就不会被那些抽象的模型和高深的数学所迷惑，不会被弄得头昏脑涨。无论一个经济理论用到多深的数学、多少的公式、多么复杂的经济模型，它基本上都采用了以上所介绍的基本分析框架和研究方法来进行研究。只要你紧紧抓住了这些基本的分析框架和研究方法，将它们作为一条核心主线印在你的脑海中，你就不会迷失方向、失去重点，就会基本上知道它在讲什么。你可以暂时将那些技术性的、一时无法理解的具体细节搁置一旁，先弄清理论框架和具体结论，再弄懂那些具体细节。也就是，要先抓文章的主线、大致思路，了解它想做什么，得到什么论断，然后再抓具体细节。另外，一旦掌握了这些基本分析框架和研究方法，你就会对现代经济学有一个正确的看法，不太可能被误导，从而不会影响自己对现代经济学的学习。经常有人对现代经济学及其研究方法进行批判，其实这些人的大多数议论都没有建立在科学的分析问题的方法上，有的甚至完全凭自己的主观臆断。没有弄清现代经济学的基本分析框架和研究方法，这些言论就有可能会误导你，使你迷失学习现代经济学的正确方向，甚至可能使你对现代经济学的学习产生一种忽视乃至抵触的态度。

其次，从研究现代经济学的方面来看，一旦理解和掌握了现代经济学的基本分析框架和研究方法，你将会更胜任现代经济学的研究。许多想做经济学研究的人，尽管他们对现代经济学已经有了相当的了解，读了许多经济学的论文，但仍然感到自己做起研究来很难，不知道怎么做研究，或做不出让别人认可和有意义的研究工作。其实只要你掌握了这些基本的分析框架和研究方法，同时具有一定的数理基础和逻辑分析能力，那么做起经济学研究来就不会感觉那样难了。从某种意义上说，做研究就是对基本分析框架的五个组成部分进行内在逻辑式的分层次递进的写作。这些基本框架和研究方法可能会有助于提高你的研究和创新能力。

例如，如果你想研究某个经济问题或现象，或希望给出一个新的理论，让它具有较强的解释经济行为和经济现象的能力，能够指导现实经济问题，那么你就要比较合理、准确地描述、刻画经济环境和经济人的行为方式，采用已有的分析工具或自己发展新的分析工具，建立一个尽可能简单的模型，然后进行推导论证。如果你只是想推广和改进原有的理论结果，你就需要分析原有的关于经济环境、行为的假设及模型结构是否符合现实，是否能够放宽那些前提假设条件，得出新的或者更一般的结果。对于初做研究的人来说，这一类推广、修正改进的工作也许会相对简单一些，并且你的结果也许会更容易被人接受和出版发表。当然，你也可以对经济环境界定或其他组成部分进行改动，也可能得到非常不同，甚至是重大的结果。比如，宏观经济学派和信息不对称下所得到的众多理论就是这样得出来的。如果你想批判某个现代经济学理论，你应该批判这个理论分析框架的哪些组成部分在哪些方面存在不合理、逻辑不正确或不现实的地方，而不是批判整个现代经济学及其研究方法。因此，针对那些批判现代经济学，否定现代经济学，将现代经济学说得一无是处，宣称要抛弃现代经济学，要建立自己的经济学的人，笔者希望他们能够对现代经济学的基本框架及方法论真正有所了解，在了解的基础上再去考虑如何对现代经济学的某些理论进行批判或冲击，这样便会出言谨慎，不致误导大众。

最后，了解现代经济学及其研究方法和分析问题的框架也会帮助你更好地思考问题、更好地处理日常事务、更好地学会待人接物，会使得你思想更加深刻、更加有见识、工作更加有能力。经常听到对现代经济学这样的议论：经济学看起来就是一些"阳春白雪"、形而上的东西，用到这么多数学，学起来这么难，离现实感觉有十万八千里，学了对今后有什么用呀？其实，在日常生活中待人处事的方式基本上类同于经济学分析问题的基本框架。比如，你到了一个新的地方，准备做一件事情，或者需要与人打交道，首先要做的事就是了解当地情况、周围环境及国情（对应着框架中的"界定经济环境"）；然后，也要了解当地的民风民俗，尽可能弄清与之打交道的人的行为处事方式，他的品行、性格等（对应"设定行为假设"）；根据这些信息，决定自己与人打交道的规则及自己待人处事的方式（对应"给出制度安排"）；然后在具有可行性的、可供选择的方案中，通过权衡取舍选定一个最佳方案（对应"选择均衡结果"）；最后，对自己所做的决定、所做的事情及所采用的处事方式进行总结反省，看是否为最有效的方法，是否达到了最好的结果，是否公平合理，是否调动了大家的积极性，是否让人们作出激励反应，是否达到了你想要达到的目标，即所谓的激励相容等等（对应"进行评估比较"）。并且，当环境、情况发生变化，工作的对象变了，要做好一件事情，游戏规则当然也应相应发生变化。只要按照这五个方面去做，并根据情况的变化随时调整游戏规则，就一定会把事情做得更好，这可能是解决和处理日常生活和工作事务的最佳方式之一。并且，经济理论的许多结果也有助于你思考问题和解决问题。

建议阅读书目:

钱颖一:理解经济学,《经济社会体制比较》,2002 年第 2 期。

田国强:现代经济学的基本分析框架与研究方法,《经济研究》,2005 年第 2 期。

田国强:经济学在中国的发展方向与创新路径,《经济研究》,2015 年第 12 期。

田国强、陈旭东:《中国改革:历史、逻辑和未来》(第二版),中信出版社,2016 年。

亚当·斯密:《道德情操论》,谢宗林译,中央编译出版社,2008 年。

从信息、激励、效率三个关键词看公司治理

（2017 年）

我国经济学界对制度是否应该设计有很大争论，基础理论尽管有指明如何改进或改革取向的明道作用，但目标毕竟不等于过程，要解决现实问题需要给出各种过渡性制度安排。从这个意义上说，制度是设计的，也是演进的，我们需要发展出解决中国实际问题的相对实用经济理论。

对公司来说，政府放松管制有得有失，对减少成本、降低价格、提高所有权的集中度有好的方面，但也可能使得金融风险上升。从综合效应看，对提升资源配置效率不见得有好处。

这涉及我们到底怎么看公司治理的问题。对此，我谈三点看法。

第一，治理从本质上来说就是制度、机制的设计，无论从国家治理层面、产业治理层面还是公司治理层面，都离不开机制设计理论的指导。中国的经济社会变革实践，为经济学理论创新和学术繁荣提供了强大动力和广阔空间。

　　有三个非常重要的关键词是我们在改革和发展中，在制定制度和政策中必须考虑的：一是信息的有效性，尽可能用最少的信息；二是激励相容性，让他人、个体即使逐利时，客观上也做了社会想做的事情；三是资源配置的有效性。

　　激励机制设计是赫维茨（Leonid Hurwicz）从新古典经济学发展而来的，其中有对新古典经济学局限性的反思，但没有停留在反思和批判，也没有否定新古典的基准点和参照系作用，没有否定其分析框架、方法论，而是对其修正出具有广泛应用的基础设计理论，如博尔顿（Patrick Bolton）教授的合约理论。

　　中国经济学界对制度是否应该设计有很大争论，不少经济学家根据奥地利学派代表人物米塞斯（Ludvig von Mises）、哈耶克的自发秩序原理否定制度设计的重要性。我也非常崇尚米塞斯、哈耶克的经济思想，认同他们的许多论点，但不能以偏概全。有些制度安排比如社会风俗、社会规范、文化等非正式的制度是演化的，逐步演进的，但正式的制度大多数是基于政治、经济、社会、环境而设计或正式确认的。比如说宪法，或许最突出的例子就是美国宪法的制定。

　　之所以说否认制度设计重要性是一种认识误区，症结在于这种认识不清楚制度设计的前提是基于政治、经济、文化初始禀赋，并且根据这些基本制度环境变化而对制度安排作出相应的变化。所以，从这种意义上来说，这和米塞斯、哈耶克制度是演化的观点在一定程度上也是相通的，是逐步演进而设计的，并不是完全对立的。

机制设计中有一幅非常经典的图示，要达到我们的社会目标，激励机制的设计必须要以制度环境作为前提，要充分考虑中国的国情，现实约束条件，再根据个体的激励反应和所报的信息来制定规则，并执行规则实现法治。

基础理论尽管有指明如何改进或改革取向的明道作用，但目标毕竟不等于过程，要解决中国现实问题需要给出各种过渡性制度安排。从这个意义上说，制度是设计的，也是演进的，需要发展出解决中国实际问题的相对实用经济理论。

第二，不能以反思抹杀现代经济理论的指导作用，这直接关系当前的改革开放及市场化改革。现代经济学理论提供了两类非常重要的理论：一类是基础理论，注重目标，旨在解决目标方向问题，解决要做什么的问题；第二类是相对实用理论，解决如何做、怎么做的问题。第一类理论提供基准点、参照系，如新古典经济学，在基本、基础制度选择方面起到了求真、明道的作用，若没有基础理论作为度量标尺，就无法知道现实和理想状态的差距有多大。不仅需要基础理论，解决现实问题还需要务实的实用理论，要解决怎么做才最佳，如市场设计理论、拍卖理论、匹配理论等，这些理论的前提假设更现实，是对基础理论的修正和发展。

许多人根据熊彼特（Joseph Schumpeter）理论强调创新和企业家精神，认定创新和企业家精神是促使一个国家可持续发展非常重要的条件，这没有错。但要注意，企业、企业家并非天然喜欢创新，他们偏爱的是利润。如何让他们的创新具有企业家精神？那就要看是否有良好的基本制度环境作为前提条件。于 2017 年过世的鲍莫尔（William Baumol）扩展了熊彼特创新理论，阐述了创新和企业家精神的确立依赖于制度选择，进而形成了内生变量，如果影响企业家行为配置的游戏规则是非正常乃至破坏性的，创新和企业家精神也将得不到释放。所以，基础性现代市场制度建立才是最为关键的。

一些经济学家却将（完全）竞争和垄断对立起来，而否定最好的市场是完全竞争市场的论断。市场竞争和企业创新是经济发展不可分割的整体：竞争导致企业利润下降，竞争越激烈，企业利润下降越快，企业就不得不创新，而创新带来垄断利润，垄断利润就会吸引更多企业参与竞争，从而形成竞争→创新→垄断→竞争的反复循环过程。通过这种市场和企业间的动态博弈，市场保持活力，导致社会福利增加和经济发展。

第三，作为转型经济体，中国的经济环境和发达国家很不一样，更多需要改革基础性制度，以全力提高效率，勃发创新力。前者让实际增长率接近潜在增长率，后者不断提升潜在增长率。由于改革不到位，这两方面都大有问题。

归根结底，促使经济又好又快发展的关键，还在于真正市场化制度性改革，其理论指导要回归到最基本的经济学原理、逻辑和常识。为此，我们要考虑两个最大的客观因素条件，无论国家、企业还是个人，在通常情况下都是逐利的，这是一个约束条件，而且还有一个最大的现实约束条件是信息不对称。所以，我们要以"信息""激励"及"效率"这三个关键词作为准绳，以有限政府、有效市场为目标深化市场化改革，让市场发挥决定性作用和让政府发挥恰当的、好的作用。同时，光考虑政府和市场还不够，还需要考虑社会秩序、伦理和文化，需要同时解决好政府与市场、政府与社会的关系，形成政府、社会和市场三位一体的综合治理，进而实现包容性增长、国家治理体系和治理能力的现代化。

"中国制造"如何突围

（2012年）

奥巴马在其任内的第三份国情咨文中发出了重振美国制造业的助选口号，并表示将以税收优惠政策促进制造业企业向美国国内回归。其实，这不是奥巴马第一次发出这样的口号。早在2009年11月，他就曾发表声明指出，美国经济要实施再工业化战略，转向出口推动型增长和制造业增长。这一转变，对中国制造业而言，自然不是一个好消息。但是，重振制造业也好，再工业化也好，对当下的美国而言是一个知易行难的事情。因为与美国相比，"中国制造"的总体竞争优势特别是在中低端制造业的竞争优势依然存在，并且短期内应该不会有太大的改变，尽管这种竞争优势也正面临着一些中长期的趋势性挑战。所以，在未来三到五年内，美国的战略转向应该不会对中国制造业形成巨大挑战。

其一，次贷危机之后美国失业率长期在9%以上，劳动力供给较为宽松，但是由于工资黏性以及强大的劳方力量，其劳动力成本依然十分高昂，远远无法与中国方兴未艾的城市化进程中的庞大低廉富余劳动力相媲美。中国 2011 年城市化率 51.27%，与欧美发达国家超过 70% 的平均水平相比，还有很大的差距。并且，由于吃苦耐劳的优良传统，中国从事中低端制造业的员工往往非常勤奋，对于长时间、高强度、加班加点的工作更加具有适应性和容忍度。当然，这里并不是鼓励加班加点，而是阐明一种现状。

其二，中国拥有庞大的具有高技能的技工群体和工程师储备。尽管素质良莠不齐，中国每年培养约 60 万名工程师，是美国的七八倍。以苹果公司的代工厂富士康为例，它拥有 5000 名左右的驻厂工程师，担负着保证苹果电子产品顶尖品质的重任，这在美国是不可想象的。目前，中国正在大规模推行的旨在提升工程师培养质量的"卓越工程师教育培养计划"，以高校与行业企业联合培养为特色，将可能推动既有的数量优势向质量优势转化。

其三，制造业特别是一些高端制造业具有产业集群的特点，它需要一个相对集聚的完整供应链和产业链系统。这种众多企业之间的互联、互惠、互赖、互动关系，不是一蹴而就的。并且，中国政府特别是地方政府为了吸引配套产业落户，往往会在税收政策、厂房用地、补贴政策等方面给予全方位的支持，这种支持是动辄得咎的美国政府难以企及的。短期内，美国不大可能快速建立起可与中国相比拟的产业集群。

尽管美国再工业化或制造业重振战略的实现还有待时间的检验，短期内对"中国制造"的冲击有限，但是由于世界经济仍处于不确定的震荡调整之中，经济复苏之路并不平坦，各国也纷纷祭出了形式各异的贸易保护主义手段，使得长期受益于全球经济一体化和开放国际贸易体系的"中国制造"面临的外部经济环境堪忧。与此同时，中国自身所面临的人民币升值压力以及人口、资源、环境等瓶颈因素的考验，也正使得"中国制造"遭遇到其他新兴经济体在提供具有比较优势的低成本要素方面越来越强烈的竞争挤压，制造业产能向中国以外的东南亚、非洲、东欧等地区以及北美墨西哥、南美巴西等国家的转移已经开始。

来自中国人民银行的数据显示，2011 年人民币对美元汇率中间价升值幅度达 5%。粗略计算，自 2005 年 7 月第一次人民币汇率改革至今，人民币对欧元、美元、日元的累计升值已分别达到 15.6%、21% 以及 6.2%，而这三大市场是中国的前三大贸易伙伴和中国制造的主要目的地。并且，人民币升值趋势还将持续下去，这是"中国制造"需要持续面对的外在压力。不过，这也有好的一面，就是推动中国经济从出口导向型向内需主导型转变。

与人民币升值相伴的是，长期以来支持"中国制造"乃至中国经济粗放式发展的前提条件——人口、资源、环境等要素资源的相对富余，正在逐步收缩成为紧约束。特别是中国长期享有的人口红利正在逐渐消减。据国家统计局年初发布的《2011 年我国人口总量及结构变化情况》显示，2011 年，中国 15 ~ 64 岁劳动年龄人口比重自 2002 年以来首次出现下降。并且，与日本历史上劳动年龄人口占比和人口绝对数双双下降不同的是，中国在劳动年龄人口占比出现向下变化时，还伴随着人口绝对数和社会需供养人口规模的双双扩大。

中国的对策

中国要在从制造大国向制造强国迈进的道路上实现突围，亟待扭转要素驱动的发展模式，解决工业附加值较低、资源消耗较高、环境非友好、有自主知识产权的创新产品较少等长期存在且愈益突出的问题，实现向效率驱动和创新驱动的发展模式转变。当然，这也是当今世界大变化、大调整格局下中国经济转型的题中应有之义。

那么，如何促进中国制造从要素驱动的发展模式向效率驱动、创新驱动的发展模式转变呢？

从宏观的外部体制环境看，与这一驱动力的转换相伴的是，政府与市场边界的合理位移，让市场在资源配置中发挥更多、更大的作用。因为真正的具有可持续性的效率和创新是市场内生形成的，不是靠政府外部强力介入就能形成的，而后者恰恰是当前中国经济模式的特征，也是当前中国经济发展中诸多深层次矛盾和问题的根源所在。令人担忧的是，这种政府主导的发展模式，亦即所谓的"中国模式"有被作为一条经验肯定和固化的倾向。

笔者认为，无论是从终极目标的相同性、转轨路径的差异性还是成功原因的共通性来看，并不存在所谓的"中国模式"，只有

"中国路径"或至多"中国经验"可言。以市场经济、法治社会、民主政治作为转型和发展的目标，以和谐社会的六大特征——民主法治、公平正义、诚信友爱、充满活力、安定有序、人与自然的和谐相处作为检测指标，所谓的"中国模式"和这样的终极目标和检测指标仍有很大差距，还远不能成为一个终极意义上的成熟模式，仍处于型塑和优化过程之中。

作为现代市场经济中两大不可或缺的基本要素，政府与市场在促进经济发展和社会进步方面发挥着各自不同的作用。不可否认，与成熟市场经济国家的政府相比，后发的转型国家政府依然带有一些特殊的发展属性和强势地位。但是，随着经济水平的提升，政府主导型经济发展模式作为一种过渡性安排将伴生巨大的负面效应。中国经济发展驱动力的转换，必须改变这种强势政府统御市场的格局，通过合理界定政府与市场的边界，最大限度地减少行业垄断、行政干预和市场准入限制等，创造有利于提升效率和激发创新的自由市场竞争体制环境。

"中国制造"如何突围？

如何合理界定政府与市场的边界呢？关键是实现政府职能的两个根本转变，即从与民争利的发展型政府向公共利益服务型政府转变，从行政干预过多的全能型政府向让市场充分发挥作用的有限政府转变，实现无为而治和科学发展。这是亚当·斯密、哈耶克等自由市场学派经济学家的理论给我们的启示，也可以从中国古代圣哲的国学智慧中找到思想源泉。例如，司马迁在其《史记·货殖列传》中曾言，"故善者因之，其次利道之，其次教诲之，其次整齐之，最下者与之争"。这是今天很值得借鉴的政府治理哲学。

从微观的产业发展趋势看，中国要进一步加强制造业与服务业的融合发展，有针对性地发展生产性服务业，这是从效率驱动和创新驱动这两个角度快速提升中国制造的质量和竞争力的一个有效途径。现代经济学中的新经济增长理论认为，人力资本、技术和知识创新的外部效应以及市场分工网络功能发挥作用，导致了经济产生规模报酬递增式增长，而外部效应的主要创造、传导、扩散部门正是由生产性服务部门承担的。

首先，从社会分工和交易费用的角度来看，随着制造业市场范围的扩大，更加专业化和充分竞争的生产性服务部门的存在，有利于降低制造成本和交易成本，进一步提升制造业的效率。亚当·斯密关于分工增进劳动生产力的思想，在今天依然闪烁着智慧光芒。

其次，从价值链上下游构成来看，上游的研发、产品设计和下游的物流、金融等生产性服务，可以在原有的中间生产制造环节融入更多的技术和知识要素，提高生产方式和生产过程的集约化程度，促进制造业实现向价值链上下游的延伸，壮大高端和先进制造业规模。

最后，从资本构成和投入产出来看，生产性服务中集聚了大量的人力资本、智识资本和技术资本，其对于制造业的投入将使得制造业的产出中包含更多的差异化、难以模仿从而具有核心竞争力的独特要素，是制造业创新和获得新的可持续竞争优势的重要源泉。

国际经济学界一些最新的实证研究结果也表明，无论是发达国家还是发展中国家，生产性服务业的发展和创新，对于制造业的转型升级、全要素生产率的提高和国际竞争力的提升都具有极大的促进作用。因此，推动生产性服务业的发展和创新，对于中国实现从制造大国向制造强国的迈进，以及提高自主创新能力、建设创新型国家的国家发展战略，具有十分重要和关键的作用。

当然，中国制造业要实现由大到强、由低端到高端转变，关键的关键还是要靠市场的作用，靠企业家的作用。只有让民营经济充分发展，让民营企业和非民营企业充分竞争，才能让企业家精神真正发挥作用。苹果公司是一个生动的例子，它已经不是仅仅满足市场需求，而是去改变消费者偏好创造市场需求，这就是创新和企业家精神的力量，也是中国经济转型需要充分培植的力量。

林毅夫

北京大学新结构经济学研究院教授、院长，北京大学南南合作与发展学院院长，北京大学国家发展研究院名誉院长。1994年创立北京大学中国经济研究中心（现北京大学国家发展研究院），并担任主任一职。2008年被任命为世界银行首席经济学家兼负责发展经济学的高级副行长，成为担此要职的发展中国家第一人。2012年在世界银行的任期届满，返回北大，继续教学研究工作。

现任全国政协常委，国务院参事，曾任全国工商业联合会专职副主席，任第七、第八、第九、第十届全国政协委员，第十届全国政协经济委员会副主任，十一届全国人大代表，十二届全国政协常委、经济委员会副主任。在国内外多个有关发展政策、农业、减贫的委员会、领导小组兼职。膺选为发展中国家科学院（原第三世界科学院）院士及英国科学院外籍院士，并获英法美加香港 10 所大学荣誉博士学位。

主要著作:《战胜命运》《超越发展援助》《繁荣的求索》《解读中国经济》《新结构经济学》《从西潮到东风》《本体与常无》《中国的奇迹》等二十余册。并在国内外学术期刊发表一百多篇论文。

新结构经济学、自生能力与新的理论见解

（2017 年）

关于新结构经济学相关问题我曾在多个场合讲过，在此，我主要介绍四个方面的内容：新结构经济学的理论基础、新结构经济学的产业政策、新结构经济学的新的理论见解和未来研究方向。发展经济学是第二次世界大战以后因应摆脱殖民地半殖民地地位的发展中国家实现工业化、现代化的需要，而从现代经济学中独立出来的子学科，新结构经济学希望能够在反思发展经济学自成立以来涌现的结构主义和新自由主义两波思潮的基础上，推动建立发展经济学新的理论框架。

一、新结构经济学的理论基础

发展经济学研究经济增长的决定因素以及增长带来的影响。总

的来说，现代经济增长是建立在劳动生产率水平不断提升基础上的收入水平的不断增长。提高劳动生产率有两种方式：一种是技术创新和产业升级。技术不断创新，劳动者能够生产出更多更好的产品，并且促使了新产业和新产品的出现，这些新产业和新产品具有更高的附加值，劳动力和各种生产要素从附加值较低的产业重新配置到附加值较高的产业，促使劳动生产率和人均收入水平不断提高。纵观一个社会产业变迁，从传统农业向工业迈进，再从工业跃迁到高技术、高资本产业，都是伴随着技术创新和产业升级的收入不断提升的过程。另一种是硬的基础设施和软的制度安排不断调整和完善。一方面，现代化的生产需要有电力、自来水、排污等公共基础设施的保证，同时，随着产业的资本密集度提升，规模经济不断加大，生产量越来越多，局部市场容易饱和，要进入更大范围的市场，则需要完善相应的交通基础设施；另一方面，随着资本密集度的提高，投资的规模也越来越大、风险也越来越高，需要有金融体系来动员资本和分散风险，并且，随着现代化生产和交易范围扩大，交易双方的关系也由熟人社会扩大到陌生人社会，需要调整和完善法律体系。有了这些硬的基础设施和软制度安排的不断完善，才能降低交易费用和风险，使技术创新、产业升级得以顺利进行。

在现代经济增长过程中，一方面依靠技术创新和产业升级以提高劳动生产率，另一方面不断调整和完善各项硬的基础设施和软的制度安排以降低交易费用和风险。这是现代化的生产过程，是工业革命以后出现的带来劳动生产率和收入水平快速提升的结构不断变迁的结果，体现了现代经济增长的本质。

（一）新结构经济学与自生能力

新结构经济学采用新古典经济学的分析方法来研究现代经济增长的本质及其决定因素，也就是用新古典的分析方法来研究在发展过程中，经济结构（如技术、产业、硬的基础设施和软的制度安排）及其演化过程和影响的决定因素。依照惯例，应当取名为"结构经济学"，但为了区别于发展经济学的第一波思潮"结构主义"，故取名"新结构经济学"。类似的例子如 20 世纪 60 年代，诺斯（Douglass C.North）在用新古典的方法研究制度和制度变迁的决定因素时，将其称为"新制度经济学"，也是为了区别于美国 20 世纪初的制度学派。

新结构经济学的核心思想是什么？新结构经济学认为，一个经济体在每个时点上的产业和技术结构内生于该经济体在该时点给定的要素禀赋结构，与产业、技术相适应的软硬基础设施也因此内生决定于该时点的要素禀赋结构。

要素禀赋结构对经济发展为什么重要呢？要素禀赋结构具有两个重要特性：一方面，尽管要素禀赋结构在每个时点上是给定的，但其随着时间是可以变化的；另一方面，在某一时间点，要素禀赋结构决定了经济体在该时点的总预算（比如，有多少资本、劳动和自然资源可以用）和生产要素的相对价格（反映要素禀赋的相对丰裕程度）。要素的相对价格决定了可选择技术和产业的要素生产成本不同。如果选择的技术和产业与要素禀赋的结构特性相适应，企业的要素生产成本就会较低，就具有比较优势。进而如果也同时有合适的软硬基础设施，交易费用也会最低，经济体就会表现出巨大的竞争力，因而与要素禀赋结构所决定的比较优势相适应的产业结构就是该时点上的最优产业结构。经济学家在分析经济问题和解释经济现象时，最终还是落脚到收入效应和相对价格效应这两种效应上，而新结构经济学认为一个经济体在每个时点上要素禀赋和其结构同时决定了这个经济体的总预算和要素相对价格。遗憾的是，除了国际贸易理论中谈到要素禀赋结构，一般的经济分析通常忽略了要素禀赋和其结构的重要性。

在此我定义了企业的"自生能力"的概念，其定义是一个处于开放自由竞争的市场环境中，具有正常管理水平的企业，无须依靠政府或外部补助就可以预期获得一个社会可接受的正常的利润水平的能力。企业的自生能力也是新结构经济学的微观分析基础。自生能力决定于企业所使用的技术和所在的产业是否跟要素禀赋结构所决定的比较优势相一致。如此，企业要素生产成本最低，当经济中的软硬基础设施合适时，交易成本也会最低，形成最强的竞争力，企业不需要政府的保护补贴就能生存。

19 世纪末，马歇尔（Alfred Marshall）在构建新古典理论体系时做了很多暗含的假设，比如充分信息、对称信息、无交易费用等。其实在马歇尔的语境中，假设了所有的企业都有自生能力。在当前主流的经济理论分析中，一般认为只要在经济中存在的企业就天然拥有自生能力，但现实则并非如此。如果企业所在的产业不符合该国的比较优势，企业的要素生产成本太高，在开放自由竞争的市场环境中就不能够获得其可以接受的利润，因而没有自生能力。所以说，企业的自生能力是新结构经济学的微观分析基础。

利用企业自生能力的概念可增加我们对许多发展中转型现象的理解。例如，我国经济学界在讨论国有企业改革时，往往忽视我国大型国有企业所在的产业，通常资本非常密集，超过我国发展阶段下的比较优势，这些企业在开放竞争的市场环境中缺乏自生能力，政府只能给予必要的保护补贴，扶持这些没有自生能力的企业的生存。在这种情形下，到底是企业为国有时政府给予的保护补贴少，还是民营时政府给予的保护补贴少？这个问题曾引起不小的争论。20 世纪八九十年代经济学界普遍认为国有企业经营绩效差是产权问题。我认为，在符合比较优势的竞争性行业，企业经营绩效差可能和产权因素有关。但在违反比较优势的产业，不能把企业经营绩效差都归于产权问题。针对上述问题，我在 20 世纪 90 年代做了一条理论推论：如果这些企业因为国防安全或社会稳定的因素不能破产，国有时政府给予的保护补贴会少于民营时。给出上述推断的逻辑是什么？因为缺乏自生能力的国有企业向政府索要保护补贴后，由于国有企业的管理者是政府官员，存在法律和制度约束，不能明目张胆侵吞保护补贴。私有化后，由于民营企业属于私人所有，因而可以将保护补贴据为己有。在政府无法推脱其责任的情况下，民营企

业向政府索要的保护补贴的积极性会越高，企业得到的保护补贴也
会越多。当时只是我的理论推论，现在有大量经验事实可以证明：
苏联、东欧国家的大型国有企业私有化以后，国家给的保护补贴比
私有化前还更多。

（二）新结构经济学和马克思历史唯物主义

新结构经济学和马克思历史唯物主义有什么关联？我们知道，
马克思的历史唯物主义揭示了人类社会发展的规律，它的一个基本
原理是"经济基础决定上层建筑，上层建筑反作用于经济基础"，
即属于上层建筑的各种制度安排内生于经济基础，且属于上层建筑
的各种制度安排会作用于经济基础。马克思历史唯物主义认为，经
济基础是生产力以及由生产力所决定的生产关系。生产力的水平由
什么因素决定？其实，是由一个国家、一个社会在每个时点上的产
业所决定。如果是传统农业或轻工业，那么对应的生产力水平就低，
而如果是资本密集型产业，则对应的生产力水平就高。进一步地讲，
如果社会处于传统农业或劳动密集型的制造业，生产力水平低，农
场和工厂的工人工资水平就低，工人距离生存线很近，地主和资本
家则相对富有，远离生存线，工人和地主、资本家的谈判能力就弱。
从而决定了地主和资本家剥削工人的生产关系。如果社会进入资本
密集型的产业，劳动生产率提高，工人收入水平也随之提高，距离
生存线较远，此时工人的议价能力相对升高，而资本家的议价能力

则会相对降低，生产关系也会随之变化。并且，如前所述，随着经济发展，产业从传统农业向现代化制造业转型，硬的基础设施和作为上层建筑的各种制度安排也要相应地有所完善，否则就会制约作为经济基础的产业的转型升级。

新结构经济学认为具有比较优势的产业是由要素禀赋结构决定。新结构经济学的分析，实际上用现代经济学的方式表述马克思历史唯物主义中"经济基础决定上层建筑，上层建筑反作用于经济基础"的基本原理。遗憾的是，除了新制度经济学之外，现在主流经济学通常没有考虑经济基础与上层建筑之间的关系。20 世纪 60 年代新制度经济学创立之始，有两个核心观点：一是制度内生；二是制度是有影响的。但目前在新制度经济学派中，像阿西莫格鲁（Daron Acemoglu）等学者只认为制度有影响但忽视了制度内生。而且这些学者在谈制度有影响时，基本都以发达国家的制度作为参照系，并没有考虑到不同发展阶段和其经济基础相适应的制度安排。发展中国家的经济基础不同于发达国家，因此上层建筑的各种制度安排和政策措施应该不完全一样。新结构经济学将结构因素引入经济学分析中，认为社会在不同发展阶段，要素禀赋结构不同，对应的产业和技术也不同，从而导致不同的经济基础。而社会所需要的上层建筑也会随着产业的发展而变化。经济基础和上层建筑是相互作用、随时间不断变化的。

（三）有效的市场和有为的政府

新结构经济学以要素禀赋结构作为切入点，研究在不同的发展阶段，哪些产业是符合比较优势的。这为研究一个国家的经济发展提供了非常好的思路。经济发展意味着收入水平不断提高，收入水平不断提高需要产业和技术不断升级。而产业和技术不断升级的前提条件是要素禀赋结构不断提升，即资本积累越来越多。资本是什么？是一个经济体在每个时点上的生产剩余，积累下来就形成资本。因此，如果要快速提高资本积累，最好的办法在于经济体在每个时点按照要素禀赋结构决定的比较优势选择技术、发展产业，企业的要素生产成本最低，具有自生能力；当经济中的软硬基础设施合适时，交易成本也会最低，形成最强的竞争力，生产的剩余会最大，资本回报会最高，资本积累的积极性会最强，要素禀赋结构、比较优势、产业升级和收入增长也会最快。在此过程中，一个发展中国家还可以利用后发优势，取得比发达国家更快速的技术创新和产业升级，进而促进经济发展。

按照每个时点要素禀赋结构所决定的比较优势选择技术、发展产业，这是经济学家的概念，如何变成企业家的自发选择呢？

我们知道，企业追求的是利润最大化，并基于生产要素之间的相对价格来选择进入哪种产业、采用何种技术。根据要素禀赋结构决定的比较优势选择产业和技术的前提是，价格体系能反映经济体要素的相对丰裕程度，因此必须有充分竞争的市场。在该市场各种要素的相对价格才能够反映在每一时点上一国要素禀赋结构中各种要素的相对丰富程度，也就是要有"有效的市场"。

在产业升级和经济发展过程中，政府的作用同样非常重要。经济发展过程并不是静态的资源配置，而是产业、技术和各种软硬基础设施不断完善和结构变迁的动态发展过程。在这个过程中，需要有先行者，这会产生外部性问题。（这里的外部性指：由于信息不对称和风险的原因，企业进入新的符合比较优势的产业面临两种结果，如果成功可能会吸引更多企业进入该产业进行竞争，先行者就不会有垄断利润，但若失败可能要自担后果。）如果没有对先行者外部性进行补偿，理性的企业家可能就不会去探索新的符合比较优势的产业和技术。此外，不同的产业和技术所需的软硬基础设施不完全一样。不匹配的软硬基础设施会导致交易成本增高，即使生产成本低也可能导致总成本高，从而导致企业没有竞争力。因此，随着要素禀赋结构升级，还必须解决软硬基础设施完善的协调问题。一般企业无法解决，需要政府协调企业家或政府自己来提供。总的来说，为了处理先行者的外部性和软硬基础设施完善的协调问题，必须要有因势利导的"有为政府"。

2008 年，世界银行发布了由两位诺贝尔经济学奖获得者——罗伯特·索洛（Robert Solow）和迈克尔·斯宾塞（Michael Spence）牵头的《增长委员会报告》。这个委员会组织了二三十个来自发展中国家、有理论基础并且有很多实践经验的专家学者，研究"二战"以后 13 个实现了 25 年或更长时间年平均增长率达到 7% 或更高的成功的经济体。发现这 13 个成功的经济体具有五个共性：开放、宏观稳定、高储蓄率和高投资率、有效的市场机制和积极有为的政府（The Growth Commission，2008）。然而，增长委员会认为这五个特征只是这些经济体成功的药材（ingredient），并不是药方。我们知道，只有药材而没有药方，补药也可能变成毒药。那么是否存在经济快速发展的药方呢？

实际上，在新结构经济学看来，遵循比较优势就是快速发展的药方。按照比较优势发展的制度前提是有效的市场和有为的政府。遵循比较优势发展的结果则是：开放经济，有比较优势的产业多生产并出口，没有比较优势产业的产品则进口；遵循比较优势发展，企业会有自生能力，不需要政府保护补贴，由国内因素产生的危机会少，同时，政府的财政状况会较好，抵御外部冲击的能力就强，宏观经济就会比较稳定；遵循比较优势发展，再加上合适的软硬基础设施，交易成本会最低，生产的剩余会最大，资本回报会最高，进而有最高的储蓄率和投资率。可以很清楚地看到，增长委员会总结的成功经济体五个典型的事实反映的就是新结构经济学关于经济快速发展药方的前提和结果。

（四）结构主义和华盛顿共识的失败

从新结构经济学的视角，也可以说明为什么 20 世纪 40 年代以后大部分指导经济发展的政策措施最终被证明是失败的。发展经济学的第一波思潮，即结构主义，他们认为发展中国家经济发展的目的是赶超发达国家。为了提高劳动生产率，进而提高收入水平，发展中国家需要培育发达国家那样的现代化资本密集型大产业，但由于发展中国家存在文化、市场缺陷等结构性因素制约，依靠市场的自发力量，无法将资源配置到现代化的大产业中。因此结构主义强调通过政府干预来克服市场失灵，推行所谓进口替代战略，建议政府优先发展资本密集的先进产业。然而，由于这些产业相对于本国的发展水平而言太过超前，与本国的比较优势背道而驰，这些产业中的企业在开放自由竞争市场中缺乏自生能力，需要政府支持来完成初期投资和持续运转。而政府干预又会造成各种扭曲、资源低效配置、寻租、腐败行为和收入分配不公等问题，结果导致糟糕的经济绩效。

到了 20 世纪 70 年代末 80 年代初，经济学界反思结构主义政策的失败，催生了发展经济学的第二波思潮——新自由主义。他们将发展中国家的发展困境归咎于政府对市场的过多干预和扭曲。因此他们建议政府以"休克疗法"立刻消除所有的市场干预和扭曲，建立像发达国家那样完善的市场经济体制，这就是后来被称为"华盛顿共识"的新自由主义的改革方案。同样地，新结构经济学也能解释华盛顿共识的失败。因为华盛顿共识忽视了以下重要事实：在发展中国家进行改革之前，经济中存在大量违反比较优势的产业，政府当初是出于保护这些优先发展产业中的缺乏自生能力的企业的需要而内生了那些扭曲。取消那些扭曲将使那些企业破产、经济崩溃。并且，为了避免经济崩溃或为了维持那些"先进"产业，采取了更为隐蔽、低效的保护方式。在这种情况下，这些企业私有化以后，政府给予的保护补贴会更多，从而造成低效率和经济绩效的恶化。尤其值得注意的是，华盛顿共识"将婴儿和洗澡水一起倒掉"，反对政府发挥因势利导的有为作用帮助某些符合该国比较优势的产业的发展。这套政策要求积极推行经济自由化和私有化，认为政府应该退出，一切依靠市场，等到市场建立起来后，产业就能自发地发展。但实际情况却恰恰相反。在20世纪八九十年代华盛顿共识推行以后，除了中国、越南、柬埔寨，其他发展中国家普遍出现"去工业化"现象：即原来的产业垮台了，但新的产业却迟迟未出现，工业在经济中的地位越来越低。从华盛顿共识推行后的经济绩效看，这些实行了休克疗法的国家普遍经历了"失去的二十年"，经济增长低于改革前的20年，危机发展的频率则更高。

在20世纪80年代计划经济向市场经济转型的阶段，当时主流学界认为必须一次性地将市场经济所需的各种制度安排，包括私有化、市场化和自由化，用"休克疗法"一次到位地建立起来。当时认为像中国转型采用的双轨渐进改革是最糟的方式。反观那些经济高速增长的转型经济体（如中国、越南、柬埔寨、波兰、斯洛文尼亚、乌兹别克斯坦等）都没有按照新自由主义的方式转型，而是按照渐进双轨的转型途径：政府为旧的优先发展的产业中没有自生能力的企业提供转型期的保护，等到这些产业中的企业有自生能力，或这些产业变得小而不重要后，才消除市场扭曲。取消准入限制，并发挥因势利导作用帮助私营企业进入符合比较优势、原先受限制的产业。此外政府积极完善相应的软硬基础设施，从而促进产业快速发展和资本积累。当资本积累以后，原来违反比较优势的产业慢慢就变得具有比较优势，企业也有了自生能力。在这种情况下，就能够把保护补贴慢慢取消。这就是渐进双轨制能够成功的原因。从当时盛行的新自由主义看来，渐进双轨制是比计划经济还糟糕的经济转型方式。但从目前的经济体转型绩效看来，渐进双轨制被实践证明是经济转型最好的方法。根据实证结果对经济理论进行反思，这是经济学界的责任。

二、新结构经济学的产业政策

世界上几乎所有的国家都采用了某种形式的产业政策来推动经济发展，但大多数产业政策都失败了。从新结构经济学来看，原因在于这些政府的产业政策支持了违背本国比较优势的产业。具体而言，发展中国家一般是为了赶超发达国家而支持过度先进的产业；发达国家则正好相反，为了就业或者选举需要而支持失掉比较优势的产业。在违背本国比较优势的产业中，这些企业在自由市场竞争环境中缺乏自生能力，需要政府给予保护补贴和扶持政策以支撑其初始投资或保证企业的日常经营运作。但这些保护政策会产生各种干预和扭曲，造成资源错误配置，助长了寻租行为和低效率行为的发生。

新结构经济学认为，经济发展产业升级若想要成功，政府应该发挥因势利导的作用。不同的产业所需要的软硬基础设施不完全一样，而且政府的资源和执行能力都是有限的，需要战略性地来使用。政府的作用是以有限的资源来帮助具有潜在比较优势部门的企业消除它们自己难以解决的具有外部性或软硬基础设施完善的协调问题，以消除增长的瓶颈限制。具体而言，一方面，选取那些符合该国潜在比较优势的产业。所谓潜在比较优势，是指在经济体中某个产业是符合该时点要素禀赋结构决定的比较优势。企业具有要素成本优势，但由于缺乏相适应的软硬基础设施，交易成本过高，以致无法在本国或国际市场上竞争。政府一旦完善相应的软硬基础设施、解决企业间协调和外部性等瓶颈限制，将会降低交易费用和风险，则这些企业具有竞争力，使整个国家的潜在比较优势变为真正的比较优势，使这个产业成为这个国家的竞争优势。另一方面，一个现有产业若是因为禀赋结构变化而失掉了比较优势，政府应该帮助这个产业中的企业转型、转移或退出。

政府怎样选择具有潜在比较优势的产业？现在很多反对产业政策的人认为政府没有办法选对产业。新结构经济学根据一个产业的技术和国际先进产业的技术前沿的差距将发展中国家现有的产业分成五大类：追赶型产业；国际领先型产业；转进型产业；弯道超车型产业；战略型产业。不同的产业类别在转型升级中需要政府提供的"协调"以消除瓶颈限制的内涵可能有所不同，政府需要对上述每一大类产业做相应的增长甄别和因势利导。

1. 追赶型产业的产业政策。这种产业政策若想取得成功，需要选取那些符合该国潜在比较优势的产业。政府应该如何选出符合该国潜在比较优势的产业并做相应的增长甄别和因势利导呢？具体而言，分为如下六步：第一步，寻找那些高速增长、要素禀赋结构类似、人均收入比本国高 100% ~ 300% 的国家，或者 20 ~ 30 年前人均收入处于同一水平的国家。为什么需要以那些快速发展、结构相似、收入稍高的国家的产业为追赶型产业政策的参考？原因在于四点。（1）拥有相似的要素禀赋结构的国家，也应有相似的比较优势。（2）要素禀赋的变化导致比较优势的变化，继而带动产业升级。（3）一个经济高速增长的国家，其产业发展总体符合于该国的比较优势。该国经济的快速增长和要素禀赋结构的变化，会导致那些已经生产多年的成熟产业丧失比较优势。这些成熟产业会成为后来者的潜在比较优势。（4）对于有相似的要素禀赋结构的国家来说，先行者成功的、富有活力的产业发展为后来者提供了发展蓝图。在这些国家中，选出在过去 20 年里增长迅速、可贸易、表现良好的成熟产业的产品，或者是来自于收入水平相当的国家的进口产品，这样能够避免政府犯错或被利益集团的寻租行为绑架。第二步，考察是否有本国的私人企业已经在这些产业中（已存在或处于萌芽状态）。找出限制其提高竞争力的因素和新企业进入的门槛，并采取措施解决。第三步，对于那些没有本国企业或出口企业很少的产业，可以从第一步中选取的国家里寻求外商投资，或者启动新企业孵化项目。第四步，由于每个国家都会有一些特殊的要素，可生产一些国内外市场有需求的产品，以及新技术的涌现而出现的新机会，除开那些第一步所选取的产业之外，政府还需要注意私人企业的自主发现，并为在新产业里成功的创新企业扩大规模和新进入提供支持。第五步，在那些基础设施差、商业环境恶劣的国家，可设立经济特区或工业园区，以此打破企业进入的壁垒，吸引外商投资，鼓励产业集群。第六步，政府可以采取各项措施补偿上述先行企业的外部性。例如，限定时期内的税收优待政策，提供直接贷款用于投资，提供外汇交易机会等。

2. 国际领先型产业的产业政策。对于发达国家而言，其产业在技术上基本都已经处于国际领先地位。发达国家若要在现有的产业保持领先地位，或发展新的产业，必须进行自主研究和开发（Research & Development）。企业对开发新产品、新技术有积极性，因为，成功了可以获得专利。但是，基础知识的研究，投入大、风险高，其成果是属于具有很大的外部性的知识，企业没有积极性从事，但是，如果不做，新产品新技术的开发就会成为无源之水，因此，需要国家通过对大学或相关科研机构的支持来进行，由于政府的资金有限，政府在对基础知识的研究上必须有所选择。另外，新产品和新技术的开发，通常需要有企业在基础知识研发成果的基础上来进行，政府对这类新产品可以通过采购等政策来让生产迅速达到规模，提高该新产品新技术在国际市场上的竞争力。发展中国家在国际上领先的产业，若要继续保持国际领先，政府需要以和发达国家一样的方式来支持新产品新技术的研究和开发。

3. 丧失比较优势的转进型产业的产业政策。发达国家和发展中国家在经济发展过程中都会有些产业，因为要素禀赋结构变化、工资上涨等而失掉比较优势。除非是关系到国防安全和国计民生的战略型产业，对这类丧失比较优势的产业政府要创造相应的条件帮助企业转进：（1）让少数有能力的企业去经营附加价值比较高的部分，比如品牌、产品设计、产品研发、质量管理、市场渠道管理等的微笑曲线两端；（2）帮助没有能力升级到微笑曲线两端的企业，将微笑曲线下端附加价值低的生产环节转移到收入和工资水平较低的国家；（3）帮助生产工人转移到符合比较优势的产业就业。

4. 弯道超车型产业的产业政策。科技的进步促生了一些新兴产业，这些产业的产品研发周期很短，以人力资本的投入为主。许多发展中国家和发达国家比，人力资本并没有劣势，对像中国这样拥有巨大工程科技人才和国内市场的国家尤其提供了一个前所未有的弯道超车的机会，如互联网、手机即属此类产业。对于这些产业，我国与发达国家处于同一个起点上，可以和发达国家直接竞争。政府应该创造条件鼓励此类产业发展，例如，建立孵化基地、设立风险基金、加强知识产权保护等。

5. 战略型产业的产业政策。战略型产业通常分为高新技术产业和国防安全类产业。这两类产业通常研发周期长，资本投入大，风险高，按要素禀赋结构来看，我国尚不具备比较优势。不过，高新技术产业（如新能源、新材料、微生命科学、空间海洋技术等）的技术、产品路线对我国的国计民生和经济发展至关重要。如果这些产业的技术被国外掌握和专利垄断，我国企业再进入则成本会非常高，因此，投资战略型新兴产业就是投资未来。国防安全类产业（如制造高性能战斗机、航母、大飞机、导弹等），从国防安全的角度考虑，像中国这样的新兴大国不能依靠国外进口，必须自己生产。但战略型产业并不是我国的比较优势，企业在自由竞争的市场环境中缺乏自生能力，而且民营企业通常没有办法承担如此大量的资本投入和由此产生的风险。在这种情况下，需要政府支持，在改革开放前需要依靠各种要素价格的扭曲和政府的直接计划配置来补贴，在市场经济下则需经由财政通过预算拨款或政府直接采购给予补贴。当这些产业发展起来以后，对周边其他产业的发展也具有正的外部性。

三、新结构经济学的新的理论见解和未来研究方向

（一）新的理论见解

新结构经济学将结构引入新古典的分析框架中，除了改变对经济发展和转型的理解外，还会对主流的新古典经济学产生许多新的见解。目前主流经济理论存在的主要问题可以说是忽视了结构因素，或者说是以发达国家的结构为唯一的参照系，把发展中国家的经济

现象都映射到发达国家的结构中来考虑，忽视了不同发展程度国家的结构差异和特性。以致主流经济理论普遍认为，发展中国家和发达国家只存在量的差异，并没有质的区别。实际上，从新结构经济学的角度来看，不同发展阶段经济体要素禀赋结构不同，导致其产业特性、技术、资本需求规模和风险特性等都不一样，合适的硬的基础设施和软的制度安排也就不一样。也就是，发展中国家和发达国家不仅存在量的差异，更有很多质的不同，因此适用于发达国家的理论在发展中国家可能并不适用。不同发展阶段的国家，其经济运行方式也有别。我从以下九个方面提出一些新的理论见解。

1. 最优金融结构。现代金融学倡导股票市场、大银行和风险投资等现代金融安排。这种金融结构针对发达国家是合适的，因为发达国家的产业处于世界最前沿，其产业升级需要大量的资本投入，且技术创新需要依赖自主研发，伴随的风险很大，大银行、股票市场和风险投资适合为大的投资项目融资，而股票市场和风险资本有利于分散风险。但发展中国家采取这样的金融制度安排则未必合适，因为其产业主要是劳动密集型的加工业或传统农业。一般而言，这些产业规模较小，资本需求少，产品基本是成熟的，且技术大部分是引进的，风险主要在于企业家的经营能力，适合发展中国家的金融制度安排应该是地区性中小型金融机构。因此，处于不同发展阶段的经济体具有不同的产业结构、技术、企业规模、资本需求和风险特性，对应于不同的最优金融结构。如果发展中国家的金融制度安排盲目照搬发达国家，就会造成金融与实体经济脱节，导致金融无法为实体经济服务。

2. 人力资本投资。现代增长经济学（包括内生增长理论等）通常认为决定一个国家经济发展的唯一要素是人力资本，其他要素都是次要的。和最优金融结构的论述类似，人力资本投资应与发展阶段的产业特性和风险特性相匹配。如果是产业处于世界前沿的发达国家，必须进行新产品和新技术的自主研发，由于人力资本与处理风险的能力密切相关，从而对人力资本的需求非常高。但对于发展中国家来说，由于大量技术是从发达国家引进的，而引进技术需要的人力资本与发明新技术需要的人力资本并不相同。发展中国家缺乏高资本、高技术产业，如果此时盲目进行教育投资，大幅提高人力资本的结果很可能是大量受过高等教育的人没有合适的就业机会。在国内无法合适就业就会到国外就业，造成人才外流；而留在国内的人由于找不到好工作而失业，则可能造成社会和政治不稳定。因此，人力资本投资需要适应实体经济需要，与经济体所处的发展阶段密切相关。

3. 刘易斯拐点和人口红利。现在我国经济学界比较关注刘易斯拐点问题，随着我国农村剩余劳动力大都转移到城市，很多人担心中国的人口红利即将消失殆尽，未来经济缺乏增长动力。我认为这个看法不完全正确。刘易斯的模型是两部类模型，只有农业和制造业两个部门，农业部门劳动生产率较制造业部门低，农业的剩余劳动力转移到制造业会带来劳动生产率提升，因而存在人口红利。但我们在分析问题时，不能简单套用现成的理论，要注意理论背后的假设和内涵，了解问题的实质。从本质来看，农村剩余劳动力向制造业转移的红利来自劳动力从劳动生产率较低的农业转向劳动生产率较高的制造业。刘易斯模型只有两个部类，但现实中附加价值较高的制造业并非只有一个部门，而是一个无穷多级的工业阶梯。只要把劳动力从附加值较低、劳动密集型的加工业重新配置到附加值较高、资本技术密集型的产业，同样会带来劳动生产率提升，同样会有人口红利。因此，只要政府能够采取措施创造产业升级空间，使附加价值较高的产业不断涌现，人口红利就会一直存在。新结构经济学认为，对于刘易斯拐点问题要有新的认识。

4. 经济开放。经济开放好还是不好？这个问题在国际上很有争议。经验事实表明，20 世纪 80 年代以来，很多发展中国家在开放过程中的经济绩效更差、效率更低。经济学家丹尼·罗德里克（Dani Rodrik）就曾忧虑地认为经济开放不见得是好事。按照新结构经济学的理论，开放是遵循比较优势理论发展的前提。那开放就是不好的吗？如果忽略对问题本质的清楚认识，就容易得出不正确的结论。我认为是因为这些发展中国家在开放之前，经济中存在大量违反比较优势的产业，企业缺乏自生能力。如果在开放过程中采取休克疗法，这些产业就会垮掉，经济出现"去工业化"现象，导致经济危机。为什么中国改革开放取得了巨大成功？我认为是因为中国在开放过程中采取渐进双轨制的方式，对没有比较优势的产业继续给予转型期的必要保护补贴，维持稳定；对那些过去被严格管制和抑制但却符合比较优势的产业进行因势利导，帮助企业进入并发展。如果不考虑发展中国家的结构因素和现实背景，盲目开放可能带来经济危机。

5. 国际资本流动。国际资本流动是否应该开放资本账户？现代国际金融理论通常认为开放资本账户是好事，认为发展中国家缺少资本，所以应该开放资本账户让资本流入。但现实中大部分发展中国家资本账户开放后，却都出现了经济危机。原因在于这些理论把资本看作同质的，没有细致区分不同结构的资本。资本应该分为投入实体经济的外国直接投资（FDI）和短期的金融资本。外国直接投资能增加实体资本，而且这种投资一般会投入该国符合比较优势的产业，也能带入先进的技术、管理经验和国际销售渠道，对发展中国家发展很有帮助。但短期的金融资本一般不进入实体部门，而大部分会进入房地产和股票市场等投机部门，造成经济泡沫。此外，如果大量短期外国金融资本突然流入，会造成货币升值，企业出口竞争力下降，影响实体经济的发展。所以在讨论资本流动时，一定要有结构的概念，一个发展中国家对外国直接投资应该鼓励，对短期资本流动则应该有一定的管制。

6. 卢卡斯之谜。主流理论认为发展中国家资本稀缺，回报率高，资本应该从发达国家流到发展中国家来。但现实中资本却从大多数发展中国家流向发达国家。当然这并不完全，经济绩效好的发展中国家表现的是资本净流入，而经济绩效差的发展中国家表现的是资本净流出。对此，新结构经济学认为最主要的原因在于，如果一国采取符合本国比较优势的发展战略，资本回报率高，财富积累具有合法性，因而资本不会外流，并且外国资本也会流入本国符合比较优势的产业，总的表现为资本净流入。相反，如果采取违反本国比较优势的赶超战略，产业不符合比较优势，资本回报率低。而且为了发展不符合比较优势的产业，政府会采取各种保护政策，引发寻租和腐败行为，依靠寻租和腐败而积累的财富缺乏合法性，这些资本不敢也不愿在国内投资，资本就会大量外逃到发达国家，而且外国资本也不会流入违反该国比较优势的产业，则总的表现为资本净流出。

7. 货币是否中性。芝加哥学派认为货币是中性的，货币只影响物价水平而不影响实体经济。实际上，货币中性理论是一个静态的概念，并没有考虑技术和产业升级以及结构变迁的动态发展过程。新结构经济学认为利率的高低会影响企业家技术创新和产业升级投资的积极性。降低利率有利于降低投资成本，提高技术创新和产业升级的积极性，进而促进经济发展。货币政策并非是中性的，较宽松的货币政策有利于经济增长。然而，货币增长速度与技术创新和产业升级的速度密切相关。如果货币政策过度宽松，超过技术创新和产业升级的可能速度则会导致通货膨胀，所以有一个最适度的货币增长速度。由于发达国家技术和产业位于世界最前沿，其技术创新和产业升级的速度相对慢，但发展中国家能够利用后发优势，较发达国家技术创新和产业升级的速度更快，从而发展中国家较发达国家的最优货币增长速度也更快。因此，如果考虑结构因素，货币并非是中性的，货币增长速度需要和发展阶段相适应。

8. 超越凯恩斯主义。凯恩斯主义批评者认为，在经济下行时期，政府反周期的积极财政政策所支持的投资在短期内固然能增加投资需求，创造就业，但由于人们会减少消费、增加储蓄以应对未来税收的增加，总需求不会增加，而只会增加政府债务，即存在李嘉图等价陷阱。目前的宏观经济学主要强调波动（周期）理论，但从新结构经济学的视角来看，发展中国家有条件将周期政策和增长政策结合起来。发展中国家在经济发展过程中需要不断完善各项基础设施，这需要政府提供。经济下行时是政府投资基础设施的最佳时期，此时各种生产要素的价格较低，工人的工资水平低，建设基础设施的机会成本很低。政府采取积极财政政策，支持消除增长瓶颈的基础设施建设，不仅短期内可以增加需求、创造就业，从而稳定经济，长期也可提高经济增长率，增加政府未来税收弥补此时扩张性基础设施支出所增加的赤字，从而避免李嘉图等价陷阱。这种积极财政政策的效果是"一石二鸟"，我把这种可能性称为超越凯恩斯主义。这个观点是我最早在 2009 年世界银行任职时提出的，当时很少有人认同，但现在这个观点已逐渐成为国际主流。美国著名经济学家萨默斯（Lawrence Summers）近年也在积极宣扬这个观点，国际货币基金组织 2014 年 10 月出版的《世界经济展望》也特地强调经济下行时是进行基础设施投资最好的时候。

9. 货币政策和流动性陷阱。目前发达国家货币政策宽松，但民间投资增长乏力，存在流动性陷阱。原因在于发达国家的产业在世界前沿，当经济下行时，需求减少就会出现产能过剩，这时很难找到好的投资机会，货币政策对刺激投资基本无效。但是，发展中国家则不同。新结构经济学认为，在发展中国家，即使在衰退和萧条期出现产能过剩，但由于存在产业升级的巨大空间，降低利率仍可降低投资成本，刺激企业向中高端产业投资，促进产业升级，从而避免流动性陷阱。因此，在发展中国家，如果货币政策能将增发的货币用于支持产业升级（而非流向投机性市场），货币政策仍然能够作为稳定经济增长的有效工具。

（二）未来研究方向

新结构经济学未来的研究方向主要包括两个方面：一是将结构引入现代经济理论模型中；二是对新的理论进行大量实证检验。

从理论建模来看，目前文献中关于结构的研究通常侧重偏好的非同位相似性（Non-homothetic）或不等于1的技术替代弹性（Non-unitary Elasticity of Substitution），但这些研究并没有真正解释发展问题。Ju et al.（2015:244-263）是第一篇把产业结构内生于要素禀赋结构的理论模型。该模型并不完美，做了很多特殊假定（充分信息、无摩擦等），将来可以逐步放松，未来的发展方向还可能包括：（1）在 Ju et al.（2015:244-263）基础上引进各种摩擦、软硬基础设施来讨论政府和各种制度安排的作用。（2）我们有一个雄心勃勃的目标：把结构引进阿罗-德布鲁（Arrow-Debreu，AD）的一般均衡模型中，使没有结构的 AD 一般均衡变为有结构的一般均衡的一个特例。

　　理论模型构建出来后需要做的就是大量实证检验。可以用经验数据将特征事实描述清楚，用实证检验我们的理论。

四、结语

　　"二战"后世界上有 200 多个发展中经济体，截至 2008 年，只有中国台湾和韩国从低收入阶段进入高收入阶段，中国大陆可能到 2025 年前后成为"二战"后第三个从低收入升级到高收入的经济体。在 1960 年的 101 个中等收入经济体，到 2008 年有 13 个从中等收入阶段发展到高收入阶段。也就是说，在"二战"后有将近 180 个发展中经济体长期陷于低收入陷阱或中等收入陷阱。这些发展中经济体的失败并非不努力，主要是发展思路的问题。我们常说，思路决定出路，发展中国家不能简单照搬发达国家的理论和经验。发展中国家要改变发展绩效，必须先改变发展思路。新结构经济学建议发展中国家把自己现在有的（要素禀赋）、能做好的（比较优势）做大做强。只要政府发挥因势利导的有为作用，在市场经济体系中协助私营企业遵循本国的比较优势发展，发挥后发优势，每个发展中国家都有潜力高速增长数十年，在一两代人的时间里发展成为中等收入国家甚至高收入国家。对此，新结构经济学能为发展中国家带来希望和帮助。我国改革开放就是遵循比较优势发展成功的典型。

在改革开放前我国经济绩效很差，1979 年中央转变经济发展思路，按照要素禀赋决定的比较优势发展经济，解放思想，实事求是，推行渐进双轨制的经济转型。我国政府在维持稳定的情况下，改善各种软硬件设施，将我国能够具有潜在比较优势的产业快速发展成具有竞争优势的产业，取得了 30 多年的快速发展奇迹。

新结构经济学是研究的金矿，我希望能和经济学者们一起继续研究和探索。浙江是王阳明的故乡，王阳明提倡"知行合一""知为行之始，行为知之成"。我们作为社会科学工作者，是为了帮助人们正确认识世界和改造世界。只有能够帮助人们改造世界的理论，才是真正帮助人们正确认识世界的理论。根据王阳明的四句教，我也提出四句："因行得知、用知践行、唯成证知、知成一体"，希望能够推动现代经济学在中国的理论创新与发展以及"知成一体"的新学风。

建议阅读书目：

林毅夫、孙希芳、姜烨：经济发展中的最优金融结构理论初探，《经济研究》，2009 年第 8 期。

林毅夫、苏剑：《新结构经济学：反思经济发展和政策的框架》，北京大学出版社，2012 年。

林毅夫：新结构经济学的理论基础和发展方向，《经济评论》，2017 年第 3 期。

林毅夫：中国经济学理论发展与创新的思考，《经济研究》，2017 年第 5 期。

Easterly W., The Lost Decades: Developing Countries' Stagnation in Spite of Policy Reform 1980-1998, *Journal of Economic Growth*, 2001, 6（2）.

Ju J, Lin J Y, Wang Y., Endowment Structures, Industrial Dynamics, and Economic Growth, *Journal of Monetary Economics*, 2015, 76.

Lin J Y., The Washington Consensus Revisited: a New Structural Economics Perspective, *Journal of Economic Policy Reform*, 2015, 18（2）.

Murphy K M, Shleifer A, Vishny R W., Industrialization and the Big Push, *Journal of Political Economy*, 1989, 97（5）.

新常态下政府如何推动转型升级
——从新结构经济学视角看

（2005 年）

　　最近，我们在调研中发现一个值得担忧的现象：在推动经济转型升级方面，市场在发力，但一些地方政府的作为相对滞后。面对经济新常态，曾经在以往高速增长中扮演了重要角色的一些地方政府，如今在一定程度上处于不知所措甚至懈怠的状态。我国仍然是一个发展中国家，跨越"中等收入陷阱"仍然是我们面临的严峻挑战。而且，国际竞争如逆水行舟，不进则退。为保持中高速增长、迈向中高端水平，地方政府必须积极作为。那么，经济新常态下，政府推动经济发展的抓手和着力点在哪里呢？

有效的市场和有为的政府缺一不可

回答经济新常态下政府推动经济发展的抓手和着力点在哪里，首先要理解经济持续发展的基本机制。一个国家经济发展的本质是人均收入不断增加，前提是劳动生产率不断提高。劳动生产率提高有两个途径：一是通过技术创新，提高现有产业的产品质量和生产效率；二是通过产业升级，将劳动力、土地、资本等生产要素配置到附加价值更高的产业中。根据新结构经济学的分析，有效的市场和有为的政府共同发挥作用，才能构建起经济持续发展的基本机制。

有效的市场的重要性在于，只有充分竞争的市场才能形成充分反映要素相对稀缺性的价格体系。也只有这样的价格体系和市场竞争压力才能引导企业按照要素禀赋的比较优势来选择技术和产业，生产出来的产品才会成本最低、最有竞争力，从而创造最大的剩余和资本积累，推动比较优势从劳动或自然资源相对密集逐渐向资本相对密集提升，为现有产业、技术升级到资本更密集、附加价值更高的新产业、新技术提供物质基础。党的十八届三中全会提出使市场在资源配置中起决定性作用，就是要不断完善社会主义市场经济体制，使各种要素的价格能够反映其相对稀缺性，为我国经济更好地按照比较优势发展提供必要的制度基础。

在经济发展中，有为的政府不可或缺。首先，这是因为经济发展是一个资源随着要素积累、比较优势变化而不断从现有技术和产业配置到新的技术和产业的结构变迁过程。在技术创新和产业升级过程中，必须有"第一个吃螃蟹的人"。如果没有其他必要的安排，倘若失败，这个人将承担所有成本；倘若成功，后来者将随之涌进，他不会享有垄断利润。也即对于"第一个吃螃蟹的人"而言，失败的成本和成功的收益是不对称的；而从社会的角度看，不管其失败或成功都能给后来者提供有用的信息。因此，政府需要采用专利制度和其他适当方式给"第一个吃螃蟹的人"一定的激励，这样才会有人愿意去冒风险，技术创新和产业升级活动才能开展。其次，"第一个吃螃蟹的人"成功与否，并不完全取决于其个人勇气、智慧和才能。新产业的发展需要新的能够动员更多资本、有效分散风险的金融制度安排与其匹配，需要交通、电力、港口等硬的基础设施和法律法规等软的制度环境，需要与新技术和新产业相关的基础科学的突破，这些都不是企业自己可以解决的。凡此种种困难，均需要有为的政府协调相关企业来克服，或是由政府直接提供服务。如此，技术创新和产业升级才能顺利进行。政府可动员和配置的资源有限，必须对可能的技术创新与产业升级的经济和社会回报作出甄别评估，以产业政策等手段集中有限资源，协助企业家实现那些回报最高的技术创新和产业升级。只有这样，才能有效促进经济发展，避免陷入"中等收入陷阱"。

新常态下政府发挥作用的着力点

从新结构经济学的视角看，根据产业发展与国际前沿的差距，我国各地政府可将本地的产业分成五种类型。对不同类型的产业，政府因势利导的作用也不相同。

追赶型产业

2014 年，我国人均 GDP 为 7500 多美元，美国为 54000 多美元，德国为 47000 多美元，日本为 36000 多美元，韩国为 28000 多美元。人均 GDP 的差距反映的是劳动生产率的差距，表明我国产业的技术和附加值水平比发达国家同类产业的水平低，处于追赶阶段。我国的汽车、高端装备制造、高端材料产业即属于这种类型。

对于追赶型产业，各地政府和金融机构可以在资金融通和外汇获取上支持合适的企业像吉利汽车、三一重工、汉能那样，到海外并购同类产业中拥有先进技术的企业，作为技术创新、产业升级的来源。发达国家自 2008 年国际金融危机以来，很多拥有先进技术的企业低价求售，出现了许多好的并购机会。如果没有合适的并购机会，各地政府也可以提供方便，支持本地企业像华为、中兴那样，到海外设立研发中心，直接利用国外的高端人才来推动技术创新。

另外，各地政府也可以筛选我国每年需要从发达国家大量进口的高端制造业产品，到海外招商引资，将这些产品的生产企业吸引到国内来设厂生产。我国现在的 GDP 规模约占世界的 13%。在新常态下，每年 7% 左右的增长意味着我国每年对世界市场容量扩张的贡献率达到 25% ~ 30%。如果地方政府能够根据这些高端制造业的需要提供合适的基础设施、人才培训、营商和法治环境，国外许多企业就会有积极性到我国设厂生产，既满足国内需求，又可作为出口基地。在中高端产业的招商引资上，我国仍处于可以大有作为的重要战略机遇期。

领先型产业

我国有些产业，像白色家电、高铁、造船等，其产品和技术已经处于国际领先或接近国际最高水平的地位。领先型产业只有依靠自主研发新产品、新技术，才能继续保持国际领先地位。自主研发包括两种不同性质的活动：新产品、新技术的开发和新产品、新技术开发所需基础科研的突破。企业开发的新产品、新技术可以申请专利，这类活动理当由企业自己进行。但是，基础科研投入大、风险高，属于社会公共知识，企业没有从事基础科研的积极性。美国的大多数产业属于领先型产业，技术创新和产业升级所需的基础研究，绝大多数是由美国国家科学基金会资助高校或是由美国国家健康研究院等政府支持的科研机构来进行，欧洲、日本等发达国家也以政府的资金支持这方面的基础研究。我国也应采取同样的方式。

中央和地方政府可以用财政拨款设立科研基金，支持企业与科研院所和高校协作进行基础科研。政府也可以支持相关行业的企业组成共用技术研发平台，攻关突破共用技术瓶颈。在企业新产品、新技术开发取得突破后，政府也可以通过采购，帮助企业较快形成规模化生产。领先型产业需要到世界各地建立销售、加工生产、售后服务等网络，也需要政府在人才培训、资金、法律、领事保护等方面给予必要的支持。

转移型产业

这类产业有两种类型：一类是丧失比较优势的产业；另一类是在我国还有比较优势但产能有富余的产业。

劳动密集型的出口加工业是最典型的第一类产业。到 2020 年实现党的十八大提出的两个"翻一番"目标，加上人民币升值，我国普通工人的月工资会上升到 1000 美元。这类产业在我国失去比较优势是不可逆转的趋势。面对这种挑战，一部分企业可以升级到品牌、研发、市场渠道管理等高附加值的"微笑曲线"两端；而多数企业只能像 20 世纪 60 年代以后日本和 80 年代以后韩国、新加坡等的同类企业那样，利用技术、管理、市场渠道的优势，转移到海外工资水平较低的地方去创造"第二春"。

劳动密集型出口加工产业集群所在地的政府可以采取两种因势利导的政策：一是提供设计、营销方面的人才培训和商品展销平台，以及制定优惠政策等，鼓励一部分有能力的企业向"微笑曲线"两端攀升；二是协助加工企业抱团出海，向企业提供信息、海外经营人才培训、资金支持，以及同承接地政府合作设立加工出口工业园区等，帮助企业利用当地廉价劳动力和资源优势来提高竞争力。商务、外交等政府部门和中国进出口银行、国家开发银行、中非基金等金融机构应在投资保护、签证便利和金融上给走出去的企业以必要支持。

第二类转移型产业包括钢筋、水泥、平板玻璃、电解铝等建材行业。这些产业近些年在我国发展很快，机器设备很新，技术相当先进，生产能力是按满足过去高速增长的投资需要形成的。我国经济进入新常态后，这些产业出现了不少富余产能。但是，这些产业的产品在非洲、南亚、中亚、拉丁美洲等发展中国家还严重短缺，可以像支持劳动密集型加工出口产业转移那样，支持这些产业中的企业以直接投资的方式将产能转移到同我国友好、基建投资需求大的发展中国家。这样的投资既能使这些企业摆脱困境，也能帮助相关国家发展，是双赢的选择。

弯道超车型产业

这类新兴产业的特征是人力资本需求高、研发周期短，例如信息、通信产业的软件、手机等。在这类产业发展上，我国拥有国内市场巨大、科技人才多、生产加工能力完备、能够迅速把概念变成产品等优势，并出现了华为、中兴、阿里巴巴、腾讯等成功企业。

各地政府可以针对这类企业发展的需要，提供孵化基地、加强知识产权保护、鼓励风险投资、制定优惠的人才和税收政策，支持创新型人才创业，利用我国的优势，推动弯道超车型产业发展。

战略型产业

这类产业通常资本非常密集，研发周期长，投入巨大，我国尚不具备比较优势，但其发展关系国家安全和长远发展，大飞机、航天、超级计算机产业即属于这种类型。战略型产业有一个特性，即它不能完全依靠市场，需要政府的保护性补贴才能发展起来。过去，政府的保护性补贴主要是通过各种要素的价格扭曲和直接配置实现的。党的十八届三中全会提出全面深化改革，要素价格的人为扭曲将被消除，今后应通过财政直接拨款来补贴这类企业。在美欧等发达国家，不论国防安全型战略产业属于民营还是国有，都由政府财政直接拨款来支持。对战略型产业的扶持是国家行为，应由中央财政来承担。但是，这类产业落户在哪个地方，就会促进当地配套产业的技术进步和产业升级。所以，各地政府可以鼓励支持配套产业发展，并改善基础设施、子女教育、生活环境等条件，争取战略型产业落户当地，以实现战略型产业发展和当地产业转型升级的双赢。

在经济新常态下，我国仍然处于可以大有作为的重要战略机遇期。根据各种产业的特性，发挥好有效的市场和有为的政府"两只手"的作用，推动产业转型升级，即使在相对不利的国际环境下，我国经济也能保持 7% 左右的中高速增长，到 2020 年前后进入高收入国家行列，向着实现中华民族伟大复兴的"中国梦"迈出决定性的一步。

经济发展与中国文化的复兴

（2009 年）

一、前言

中国是世界文明古国之一。在 18 世纪工业革命之前，有一千多年的时间，中国文化的成就处于世界顶峰。历史学家奇波拉（Carlo Cipolla）研究公元 1000 到 1700 年欧洲社会的结论是：和中国相比，当时西方是贫穷、落后的农业经济，而中国则是富有的、发达的工业经济。工业革命以后，西方社会科学技术日新月异，经济发展一日千里，中国的经济和国际地位急剧下滑，到了 19 世纪中叶后变成一个贫穷落后、割地赔款、任人宰割的半殖民地国家。根据安格斯·麦迪逊（Angus Maddison）的研究，按购买力平价计算，在 1820 年时中国的经济规模占世界的 33%，到了 1900 年时只剩 11%，到 1950 年时进一步下滑为 4.6%。中国的知识分子向来以天下为己任，从鸦片战争到现在的 160 多年时间里，一直在探讨怎样让中华民族能够复兴起来。

　　要探讨中华民族的复兴，首先就要了解中国在工业革命以后急剧衰落下来的原因。有很长一段时间，不少国内、国外学者把中国的落后归结为中国儒家文化的保守和顽固，提出打倒孔家店，认为中国要复兴必须彻底铲除传统儒家文化的影响。这种传统文化导致中国落后的说法影响深远，20世纪80年代，在一部国内名噪一时的电视系列片《河殇》中，作者把中国的文明称为黄色的文明，把西方的文明称为蓝色的文明。他们认为黄色文明是内向的、保守的，蓝色文明是外向的、开放的、积极的，中国要实现现代化必须从黄色文明变成西方的蓝色文明。这种看法和韦伯（Max Weber）文化决定经济发展的观点如出一辙。韦伯在其名著《基督新教伦理和资本主义精神》一书中认为西方的工业革命、资本主义的发展等得益于基督新教的改革打破了传统罗马天主教的精神束缚后取得的成就。

　　改革开放以来，中国显然并未如上述学者所思考的那样，先进行文化的改造再取得经济的发展。这30年来，中国国内生产总值年均增长速度达到9.8%，30年增长了14倍，国际地位大为提升。在人口这么众多、条件这么差的基础之上，能够维持这样高速的发展30年，堪称世界经济史上的奇迹，而且，中国经济有潜力再维持数十年的快速发展。关心中国文化或中华民族前途之士，不禁要问：经济的发展是否代表着文化的复兴？几千年绵延不断的中国文化是否可承载中国的现代化？中国文化最终是否能复兴？要回答上述问题必须了解什么是文化，什么是文化复兴。

二、文化的内涵

根据汉语大词典的定义，文化是人类在社会发展过程中所创造的可代代相传的物质财富和精神财富的总和。除了强调可代代相传之外，此定义跟马克思所主张的人类社会是经济基础与上层建筑所组成的统一整体之内涵基本一致。不同的学者因分析的方便，对文化的内涵会有不同的划分，我个人在研究一个国家社会的发展时倾向于使用费孝通先生的老师——马林诺夫斯基的划分法，他将文化分为三个层次：器物层次，也就是生产、生活工具；组织层次，包括社会、经济、政治组织；精神层次，即人的伦理、价值取向等。其实，这三个层次与马克思的经济基础与上层建筑的划分有异曲同工之妙。对应来看，器物、生产、生活工具是经济基础，而组织和伦理、价值是上层建筑。

一个文化体，在没有外来文化撞击的时候，它的经济基础与上层建筑会形成一个自洽的实体。比如，在原始社会里，生产工具是石头，生产方式是游猎，生产组织方式是公社，伦理、价值是共有、共享。当时的生产力水平很低，公社的组织方式有利于发挥打猎时的规模经济，共有共享的伦理价值则有利于克服因为生产力水平低、食物不可储存给每个人的生存带来的风险。所以，这种价值伦理、组织方式和当时的生产力水平是相洽的。后来，生产力水平提高了，由游猎进入农耕，由以石头为工具进入以铜器、铁器为工具，组织的方式则演进为以家庭为单位的宗族社会，伦理、价值由原来的共有变为私有。这种演变归因于生产力水平的提高，在农耕的生产方式中，只要每个人努力，将来生产、收获多少是可以预期的，而且，生产出来的粮食是可以储存的，所以，以家庭为单位的宗族社会组织和私有制的价值伦理有利于提高每个人的生产积极性以及单个家庭为克服各种风险而透过血缘的纽带来解决生存保障的问题的能力。如果没有外来文化的冲击，在长期的实践中，每个文化体应该都会是器物、组织、价值三个层次自洽的实体。

三、文化复兴的内涵

文化复兴的概念应该与"先进文化、落后文化"表示我们的文化过去曾经是先进的文化，而现在变为落后的文化有关。那么，何谓先进文化？何谓落后文化？另外，如果不是一个"绵延不断的文化"也就无所谓复兴不复兴的问题，如果一切都是重新开始，何言复兴？

第一，文化的先进与落后其实是一个相对的概念，其决定的标准在于经济基础。当两个文化相冲突时，其差异性会在前面提到的三个层次上表现出来。1840 年鸦片战争时，从器物层次看，中国的生产活动以农耕为主，西方已进入工业化生产，中国的战争武器是弓箭、长矛，西方则是铁甲船、大炮。组织层次上，中国是中央集权的帝制，西方则是民主共和或是君主立宪。从价值层次看，中国是以儒家伦理为核心的价值体系，而西方则是以基督教伦理为核心的价值体系。

当文化的三个层次都存在差异时，何谓先进？何谓落后？原始共产主义社会的共有、共享与农耕社会里的私有相比，前者有利于分担风险、保障生存，后者有利于调动积极性，各有利弊。儒家的核心伦理价值"仁"和基督教的"爱"，都有"爱人"之义，前者从自己的内心感受出发，而有亲疏远近之分，后者以神为纽带，而有教徒和非教徒之别，也难分高下。其实，把人类文化分为先进与落后的主要评判标准是经济基础，也就是器物这个层次，如生产工具、战争工具，等等。当我国还在用耕牛时，西方国家已用拖拉机，生产效率高下不言而喻。19 世纪时，我国使用大刀、长矛，而西方使用洋枪、大炮，因此英法联军能以两万余人，长驱直入北京城，火烧圆明园。所以，文化的先进、落后在于经济基础的差异。强势文化与弱势文化的差别其实也在于经济基础。现在各个文化体都担心美国文化的侵略，但是在一百年前，美国被认为是文化沙漠。一百年间，美国文化的核心伦理价值没有变化，为什么从文化沙漠变成强势文化？无非是经济基础提高，成为全世界最大最强的经济，美国的生活方式、价值取向也成为不少人羡慕、模仿的对象。

第二，文化的绵延不断则在于其核心价值的延续不断。文化的绵延不断，是与文化的消亡相对应的。埃及、罗马、希腊、巴比伦，这些都是闻名的文明古国，但是今天这些名词对应的仅为政治和经济实体，它们曾代表的古文化已经消失了。但是，消失的是什么？中国有五千年绵延不断的文化，指的又是什么？从文化三个层次中的经济基础来看，中国有著名的四大发明，造纸术、印刷术、指南针、火药，这些发明让中国的生产力水平大大提高，研究中国经济史的学者普遍同意在宋朝曾经有一段技术发展相对快速的时期，有些学者还把它称为是中国的工业革命。因此，在过去 5000 年中，中国的器物和经济基础是在不断变化的。从组织的层次看，周朝时为井田制，为近似农奴社会的一种制度安排。秦汉以后，土地可以自由买卖，劳动力可以自由流动。明朝初期资本主义萌芽，开始了资本主义的组织与生产关系，中国的经济组织方式是随着生产力水平的变化而不断演进的。从政治组织来看，周朝是封建社会，秦朝废除封建，设立中央集权的郡县制，汉朝以后一直延续这种方式。既然经济基础、经济与政治组织方式均在变化，那么何者让中华文化绵延不断？绵延不断所指应为儒家以"仁"为核心的伦理价值体系。孔子称"仁者爱人"，"爱人"是"仁"的本性。冯友兰认为"《论语》中言仁处甚多，总而言之，仁者，即人之性情之真的及合礼的流露，而即本同情心以推己及人者也"。2008 年 5 月汶川大地震时，死伤甚多，虽然与死者、伤者素不相识，但见此景此情，国人内心所受煎熬就像死难者为自己亲人一样，这就是所谓的"仁"。这种以"仁"为核心的伦理价值在中国数千年未变，所以，中国文化也就数千年绵延不断。同理，西方社会，经济上从原来的封建地主制变成现在的工业化大生产，政治上从君权神授变成现在的民主共和，让西方作为文化实体继续存在的则是 2000 年来未变的以基督教伦理为核心的价值体系。

四、中国文化能否复兴

中国文化能否复兴取决于三个问题：第一，儒家文化以"仁"为核心的伦理价值是否能支撑起经济基础，即器物层次的不断发展、创新，生产力水平的不断提高？第二，在以"仁"为核心的价值下形成的组织层次能不能与经济基础的发展相适应而不断演进？第三，以"仁"为核心的价值在经济基础不断提升以及政治、经济、社会组织不断演化的过程中能否保存，并形成一个完整的器物、组织、伦理三个层次自洽的文化体系？

第一个问题，从经济基础来看，中国继续快速发展的潜力巨大。中国完全有可能继续保持二十年甚至三十年的快速增长。这是因为生产力水平或是经济基础的提高从长远来看最重要的是技术的不断创新。以西方为例，Maddison 的研究认为，在 18 世纪以前的一两千年里面，平均每年人均收入提高的速度仅为 0.05%，要 1400 年人均收入才能翻一番。18 世纪以后，人均收入提高的速度，第一个 100 年平均每年是 1%，每 70 年人均收入翻一番；以后这一百多年，平均每年是 2%，每 35 年人均收入翻一番。18 世纪前后巨变的关键是在 18 世纪中叶发生工业革命以后，技术发明创新的速度加快了，而且还在不断地加快。中国在 19 世纪之前领先于西方，以后迅速滑落，其原因在于工业革命以前技术发明以经验为主，中国人口多，农民的数量多，生产经验多，技术发明的速度也就快（在 18 世纪以前，中国之所以强盛的另外一个可能的原因是在儒家文化的影响下，中国长期维持大一统，人口多，市场规模大，分工细，如亚当·斯密在《国富论》中所强调的，生产力水平也就高。）；但因未能从经验为主的技术发明转型为以科学实验为主的技术发明方式，所以，在西方科技的发明创新速度加快以后，中国的经济地位就日益落后。然而这并不是以"仁"为核心的价值体系所导致，而是因为科举取士的制度安排未能强调数学、可控制实验等内容，阻碍了科学革命自主产生于中国的可能，因此，技术变迁的方式未能从以经验为基础转变为以科学、实验为基础，只要改变教育的内容，中国人在科学技术方面的创新能力就并不亚于任何国家和地区的人。

中国现在作为一个发展中国家，经济要持续快速发展，最重要的还是技术的不断创新。技术创新的方式对不同发展阶段的国家是不一样的。西方发达国家的技术已经处于世界的最前沿，其创新只能靠自己发明创造。而像中国这样经济基础比较低的国家，技术创新有两种方式：一种是自己发明；另外一种是利用与发达国家的技术差距，以引进来取得创新。哪一种方式比较好？根据定义，在生产过程中使用比原来效率高的技术就是创新，不见得是最新、最前沿的发明。从经济学的角度来看，好坏的标准是成本孰低、效益孰高。新技术的发明一般投入大、风险高、成功的概率小；相对而言引进技术则成本小、风险低、成功的概率高。

第二次世界大战以后出现了日本的奇迹，亚洲小龙的奇迹，这些奇迹背后的实质秘密就在于这些国家和地区能够比较好地利用与发达国家的技术差距来引进技术，以很低的成本取得技术创新。技术创新的速度快，整个经济基础发展就快了，所以与发达国家的差距也就随之缩小。中国在 1978 年改革前后的经验也证明了这一点：在 1978 年之前，中国自力更生，自己发明技术，在最尖端的技术上同发达国家竞争，但是经济发展的绩效却不高；1978 年以后，中国开始像日本一样，以引进技术为主来获取技术创新，以后的 30 年，中国取得了每年经济增长 9.8% 的成绩，成为同期世界上经济发展最快的国家。这些经验的对比印证利用与发达国家的技术差距，以引进技术来取得技术创新是一个发展中国家追赶发达国家的最好的途径。（强调引进并不是说中国在现阶段就不需要研发，有些中国有优势的产业和技术已经处于世界的最前沿，这些产业和技术的提升就必须要有自己的研发。另外，从国外引进技术和产业时也必须根据自己的条件在流程上改进，这种流程的改进本身也需要研发。而且，只有这样，中国才有可能在越来越接近世界的产业和技术前沿时有能力越来越走向产业和技术上的自主创新。）

延续着引进技术这一条道路，中国在未来 10 年、20 年、30 年或者更长的时间里，能不能保持经济快速增长？对于这一点，关键在于我国和发达国家的技术差距到底有多大。根据各种比较，包括人的生命预期、婴儿死亡率、农业占国内生产总值的比重等经济、社会发展指标的对比，中国在 2000 年的整体经济发展水平大约相当于日本 1960 年的水平。众所周知，日本从 1960 年开始到 1987 年，用了 27 年的时间，人均 GDP 赶上美国。尽管我国不可能乐观到可以认为，从 2000 年开始到 2030 年，中国的人均 GDP 会赶上美国，但是完全有可能利用引进技术来取得经济快速增长，让中国的人均 GDP 从 2000 年时美国的 2.5%（2000 年时中国的人均 GDP 为 870 美元，当年美国的人均 GDP 为 34000 美元。），到 2030 年增加为美国的 20%。长期以来美国人均 GDP 的年均增长率为 2%，中国的人均 GDP 要在 30 年里从美国的 2.5% 变为美国的 20%，每年人均 GDP 的增长率必须比美国高出 7.2%，再加上中国每年的人口增长率大约为 0.6%，那么，中国在 2000 年到 2030 年平均每年的 GDP 增长率正好和改革开放以后的增长率相同，为每年 9.8%。从日本、韩国等与我国近几年的经验来看，届时人民币很可能会升值，根据升值的多少，2030 年时我国的人均收入很可能是美国的 30% 甚至 40%。中国的人口约为美国的 5 倍，如果 2030 年时中国人均收入达到美国的 20%，那么中国的经济总体实力就与美国相当；如果人均收入达到美国的 30%，中国的经济规模就比美国高 50%；如果人均收入达到美国的 40%，中国的经济规模就是美国的两倍，中国将会再次成为世界上最大、最强的国家。当然要把这些潜在的技术可能性转化成经济的现实增长率，要靠改革开放来克服当前经济中存在的问题，要靠保持政治稳定、社会和谐，要靠提高教育、产业水平，要靠不断吸收外来的技术、管理。只有做到这些，前述的预期才能够实现。

第二个问题，在以"仁"为核心的价值下形成的组织层次能不能与经济基础的发展相适应而不断演进？经济组织方面，现在的发达国家实行的都是市场经济，多数学者也认为和现代经济相适应的经济组织是市场经济。从理论上来看以私有制为基础的市场经济确实比较有利于调动生产者的积极性、资源的有效配置和技术的不断创新。中国的文化体系能否和市场经济相容？这一点应该毫无疑问，因为当西方还是封建农奴社会的时候，中国就已是一个市场经济体系的社会。就土地而言，中国早在战国时期就已经开始推行土地私有，允许土地自由买卖；欧洲在整个中世纪的封建社会时期，土地属于贵族，不存在土地市场。就劳动力而言，中国从春秋战国时期开始就已经有相当活跃的劳动力市场。例如，春秋时期就有许多像孔子、孟子之类的士人周游列国，相当于今天的高级白领出国寻找就业机会。帮助齐桓公称霸的管仲在其《管子·牧民篇》写道："国多财则远者来，地辟举则民留处。"其意为：一个国家如果富裕，就会吸引远方的外国百姓来定居；改善基础设施，提高土地生产力，老百姓就会留下来耕作、生活。这表明当时劳动力可以自由流动，流动的原则与现在劳动力的流动完全一致。而在欧洲中世纪，农民是半农奴依附于土地，只有极少数取得自由农奴身份的劳动力才能自由流动。

中国在春秋战国时期不仅要素市场极为活跃，商品市场更是如此，并且已经有了投机行为，而且投机的原则与今天毫无二致，最著名的就是范蠡的例子。在吴越之争时，范蠡帮助越王勾践打败吴王夫差后，了解到"飞鸟尽，良弓藏，狡兔死，走狗烹"的道理，功成身退，弃官从商，并在很短的时间内三聚千金之财三散于贫穷的亲戚朋友。短时间内赚取巨大财富的捷径是投机。司马迁的《史记·货殖列传》里记载了范蠡投机之道是"论其有余不足，则知贵贱。贵上极则反贱，贱下极则反贵。贵出如粪土，贱取如珠玉"。"论其有余不足，则知贵贱"说明当时价格是由市场上的供求关系决定。"贵上极则反贱，贱下极则反贵"说明生产者根据价格信号来决定生产，价格高时多生产，导致供大于求，价格下跌；价格低时少生产，导致求大于供，价格上涨。最后一句"贵出如粪土，贱取如珠玉"就是投机的原则，当商品价格昂贵时要像清理粪土一样赶快抛卖，当商品价格便宜时要像珠宝一样买进，积存越多越好。可见21世纪的投机原理在2300年前的范蠡时代就已经总结出来了。

如前所述，明朝时我国就已经出现资本主义萌芽。资本主义的生产关系既已萌芽，为何未能茁壮成资本主义？同样这并不是因为以"仁"为核心的价值体系所致，而是因为技术变迁的方式未能从以经验为基础转变为以科学、实验为基础，技术变迁的速度非常慢，资本难于深化，因此资本主义的生产关系也就不能深入发展。上述种种说明中国以"仁"为核心的伦理价值跟市场经济体系是共容的。随着收入水平的提高，人民群众的参政意识会越来越强。与西方文化比较起来，中国文化自古以来强调"民为重，社稷次之，君为轻""天视自我民视，天听自我民听"。这与西方君权神授的思想不同，人民的利益是政治的目标，群众的意见是政治决策过程的依据，有这种政治理念包含在中国儒家文化内，作为组织层次的文化应该有能力随着经济基础的不断提升进行必要的调整。

第三个问题是以"仁"为核心的价值在经济基础不断提升，政治组织、经济组织不断变化的过程中，能否保持其精神实质，并根据经济基础和组织层次的需要以相应的形式形成一个完整的内部自洽的文化体系？很多学者认为以孔子为代表的儒家文化是保守落后的，是妨碍中国发展的？因为孔子自称"述而不作"（《论语·述而》）。但这种理解并不全面，孟子称孔子是"圣之时者"（《孟子·万章章句上》），也就是孔子之所以是圣人，是因为在各种不同的情况、环境下，他的行为总是能够因地制宜，做到恰到好处。孔子主张"仁"，在《论语》中谈到"仁"的地方有二十多处，但是，说法各有不同，就是因为对象、情况不同，所以，要求或是表现的形式也就不一样。他的"述而不作"是有选择的，把过去的典章制度按照所处时代的需要给予了创新性的整理、诠释。他的内涵是"苟日新，日日新，又日新"，是在不断变动，不断与时代相适应。

从孔子以后，中国的历代圣贤继承了儒家的核心价值，但表现方式不断变化和丰富。儒家的第二个代表人物是孟子，"孔曰成仁，孟曰取义"。孔子强调"仁"，孟子强调"义"。孔子曰"己欲立而立人，己欲达而达人"（《论语·雍也》）"己所不欲，勿施于人"（《论语·颜渊》），孔子的"仁"是"视人如己"的道德关怀。孟子的"义"是"义者宜也""义者人之正路也"（《孟子·离娄章句上》），也就是人所应该遵循的行为准则。但是，义的判断的标准还在于自己的内心，所以，孟子有"自反而缩，虽千万人吾往矣"（《孟子·公孙丑章句上》）的说法。和孔子相比，孟子的"义"更强调的是人对社会的积极责任，他的学说反映的是战国末期社会纷乱的现实。

孟子之后，儒家文化又继续发展，到了宋明时期，社会经济基础改变的同时又受到印度佛学冲击。在佛学的冲击中出现了理学，强调心性。理学家坚持的行为标准同样是儒家的"仁"。中国儒家文化在吸收了佛学的同时，也把佛学融合成为中国文化体系的一部分。佛学在印度、泰国，重视的是上座部佛教，上座部佛教追求自我的解脱，到中国以后变成大乘佛教，讲的是普度众生，和儒家的"仁"有异曲同工之妙。"仁者爱人"，希望每个人都好，把儒家的核心价值移植到佛学里面去了，变成中国文化不可分割的一个部分。

时至明朝，社会分工进一步完善，出现了资本主义的萌芽。王阳明的"心学"和"知行合一"的学说应运而生。"心学"和"理学"的差异，可以从王阳明和朱熹对《大学》一书中"亲民"和"格物致知"的理解的不同反映出来。朱熹认为"亲民"当作为"新民"（教化百姓使其自新），"格物致知"则是"即物穷理"，也就是从各个事物上去认识做人做事的道理，以最终明了人心之全体大用。王阳明则认为"亲民"是"亲亲仁民"（即仁的意思），"格物致知"则是"致良知"，也就是祛除蒙蔽每个人良知的物欲以恢复每个人与生俱来的良知。从上述脉络来看，作为上层建筑的儒家文化是有能力随着时代、环境的不同，而不断调整、创新，以适应新的经济基础的需要，而不是顽固、保守、一成不变，成为制约经济发展的障碍。实际上，这一点也可以从日本和亚洲小龙有能力在儒家文化基础上实现现代化得到证明。

另外，还有一个问题，就是一个文化的核心伦理价值会不会消失？如果儒家以"仁"为核心的价值消失了，我们就会像今天的埃及、两河流域、希腊文明一样，即使有一个经济实体在相同的土地上，但是已经是不同的文化了。这个问题从理论上来说不容易出现，但是并非不可能。一个人的伦理价值取向不是与生俱来的，而是在很小的时候学会，一代一代传承下来的。中国有一句古话"三岁看大，七岁看老"。一个人三岁时，其行为、价值取向就已经固定，到七岁时，基本上已内化了。一个民族文化的核心伦理价值就是靠从小跟父母和周遭的人互动中，以他所接触到的人的行为为学习的榜样，而一代一代传承下来。然而，不容易变并不代表不能变，否则也就不会有埃及文明、两河文明、古希腊文明的消失。在我国当前经济快速发展的过程中，有些人为名为利昧着良心而干伤风败俗的事时有发生，并且，在现代化的过程中透过传播、接触，人们也容易不自觉地受到外来文化伦理取向的影响。如果这样的事发生多了影响到下一代的成长，传统文化的核心伦理价值也可能会逐渐消失。所以，在现代化的过程当中，各界有志于民族文化复兴的人士，尤其是属于社会精英的知识分子，不仅要有责任与义务推动社会的物质进步，献身于经济社会政治的现代化，同时也必须要有"死而后已"的任重道远之责任心，以"仁"为己任，用适合于时代特质的形式，身体力行地实践给社会作出楷模。政府和舆论界也应该通过教育与媒体的报道有意识地倡导适合时代的、以"仁"为核心的伦理价值。只有这样才能在经济水平提高、实现社会经济政治体制现代化的过程中保持中国文化的核心伦理价值，实现中国文化的复兴。

五、结语

总之，文化包含多个层面，当一个文化体跟另一个文化体碰撞的时候，就会有先进落后、强势弱势的差别，其决定因素在于经济基础。理论和实践都证明中国的经济基础，也就是中国文化的经济基础的不断提高完全有可能。而且，只要我们有意识地实践、倡导，中国文化也有能力保持以"仁"为核心的伦理价值取向，根据时代的需要不断地进行上层建筑的创新。21世纪上半叶我们一定能迎来中华民族的伟大复兴，届时，中国将会成为世界文明史上第一个拥有由盛而衰，再由衰而盛的文明国家。

图书在版编目（CIP）数据

经济学大家谈 / 熊秉元等著. — 北京：东方出版社，2019.3
ISBN 978-7-5207-0717-6

Ⅰ.①经… Ⅱ.①熊… Ⅲ.①经济学—文集 Ⅳ.①F0-53

中国版本图书馆CIP数据核字（2019）第002295号

经济学大家谈
（JINGJIXUE DAJIA TAN）

作　　者：熊秉元 等
责任编辑：王　端　叶　银
出　　版：东方出版社
发　　行：人民东方出版传媒有限公司
地　　址：北京市东城区东四十条113号
邮　　编：100007
印　　刷：三河市金泰源印务有限公司
版　　次：2019年3月第1版
印　　次：2019年3月第1次印刷
开　　本：880毫米×1230毫米　1/32
印　　张：10.25
字　　数：200千字
书　　号：ISBN 978-7-5207-0717-6
定　　价：49.00元
发行电话：（010）85924663　85924644　85924641